ワカメもち

しゃぶしゃぶで食べれば磯の香りが広がる

岩手県一関市●佐々木善子さん

佐々木善子さんは平成十二年に築二〇〇年の自宅で農家レストラン「夢みる老止の館」を開業。もちと山菜でおもてなしをしている。もちは加工して、直売所にも出荷。どこにも売っていない商品を考えるうちにいろいろなもちができた。三陸沿岸で売っていたワカメの粉を利用したワカメもちは、しゃぶしゃぶにすると磯の香りと彩り、それに塩味がきいてとてもおいしいと大好評だ。

（本文21ページ参照）

現代農業二〇一六年一月号

左からエビもち、リンゴもち、しゃぶしゃぶもち。もちを階段状に並べ、スキマなく真空包装して販売

ミカンもち

一緒に蒸したミカンをつき込んで しっとりふわふわ、色も鮮やか

山口県周南市●熊毛農産物加工所

いろいろ混ぜた変わりもち。左列上から、イチゴもち（今回はジャムで代用）、ヨモギもち、ミカンもち。右列上から、ふつうの白いもち、ウコンもち、梅もち

1 ミカンはヘタやタネをとり、皮ごと切る（イチゴの場合もヘタをとって刻む）。量はもち米 1.5kgに対して 350g

2 もち米と一緒にミカンを蒸す。時間はふつうにもち米を蒸すときと同じ

熊毛農産物加工所では身近にあるものをもちに混ぜて、優しい色合いでしっとりふわふわの食感のおもちをつくっている。混ぜる材料は手順を紹介しているミカンのほか、イチゴ、ヨモギ、ウコン、梅干しとシソ。白いもちも加えて「六色もち」として朝市で販売している。

（松村昭宏撮影）

現代農業二〇〇五年一月号

私たちがつくってます。熊毛農産物加工所のみなさん

もちつき機に移す

蒸しあがったもち米とミカン（イチゴも同様にもち米といっしょに蒸すが、ヨモギは蒸しあがる直前に蒸し器の中に入れ、温めておく）

つく。もちの中にミカンが混ざっていくよう、周りからしゃもじで中に入れていく

最後に砂糖 70g、塩 17g を混ぜる。最初に混ぜるとダマになるので注意

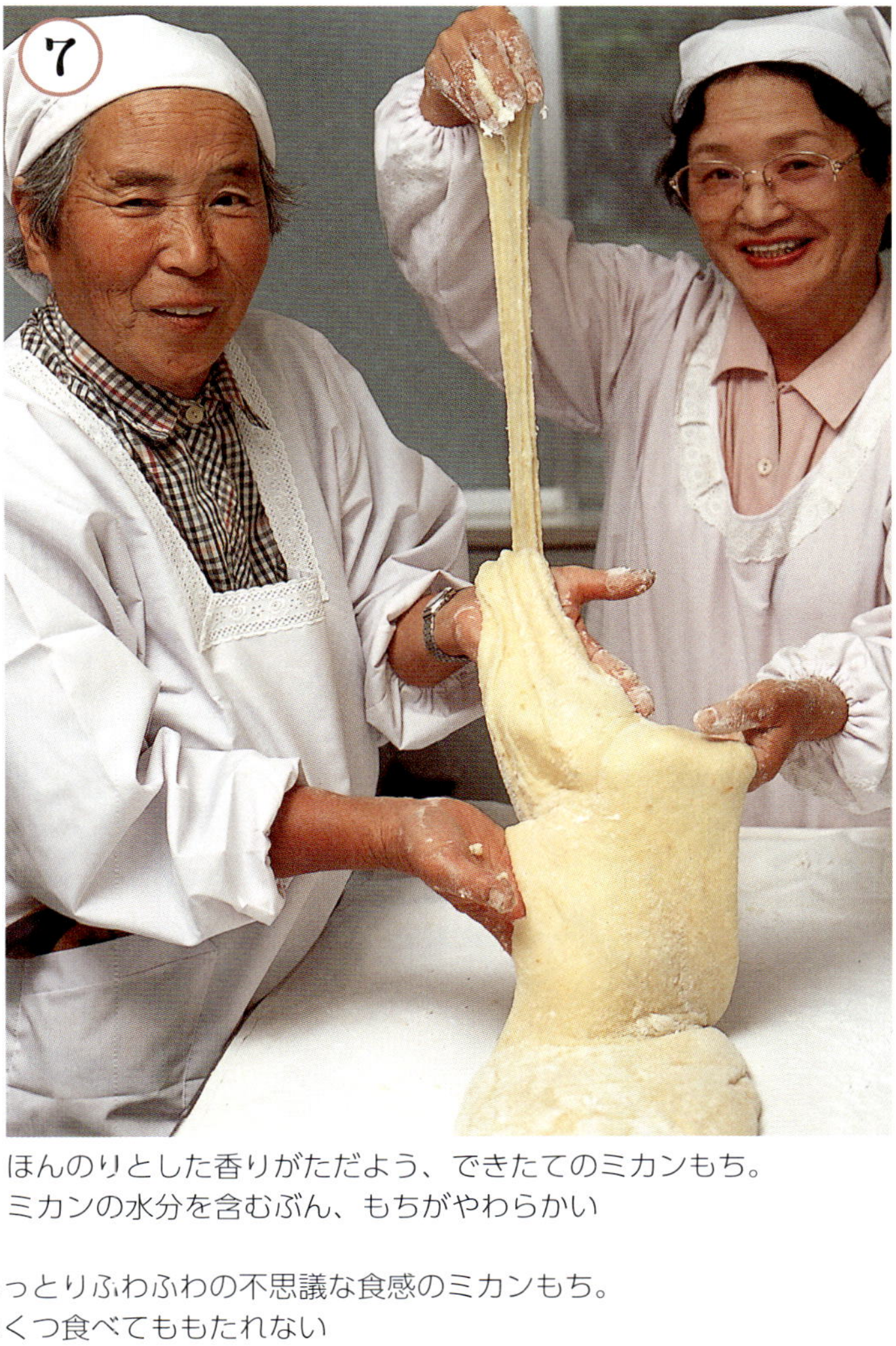

ほんのりとした香りがただよう、できたてのミカンもち。ミカンの水分を含むぶん、もちがやわらかい

しっとりふわふわの不思議な食感のミカンもち。いくつ食べてももたれない

草もち
ゆで汁を生かしてふわっふわに

大分県由布市「蓬」●佐藤多喜さん

色よし、香りよし、やわらかいの三拍子揃った草もち

大分県由布市で農家民宿「蓬」を営む佐藤多喜さんは、まさにヨモギ浸けの毎日。その多喜さんのつくる草もちはひと味違う。一口食べてみると……、新食感！　ふわっふわで、まるで泡のようなのだ。これが二日は持つという。その草もちづくりの秘密はヨモギのゆで汁にあるという。

（本文46ページ参照。小倉隆人撮影）

現代農業二〇〇八年五月号

ヨモギの下処理

ゆで方のポイントは、重曹を入れて約１分後、葉っぱがニュルッとしたら火を止めること。ゆでる時間が長いと、色が悪くなってしまう。ヨモギと煮汁は、一晩外に置いて寒にさらす。ゆで上げたヨモギは、水にさらしもしなければ、絞りもしない。栄養分が抜けてしまうし、葉っぱが崩れてしまうから

翌日

左のヨモギとゆで汁が一晩寒に当てたもの。右はゆでた直後

夜の間に水分が抜け落ちている。鍋にとっておいたゆで汁も同じ色。冷凍するのもこの状態にしてから

手で触ってみて、
ふわっとした弾力が
あるようなら完成

もちつき

まず、水のかわりに緑色のゆで汁を機械に入れる

次に、蒸したもち米を入れ、機械を動かしながら、もう１杯ゆで汁を加える

ヨモギを投入するのは、完全にもちがつき上がってから。ヨモギに長い時間熱が加わると、色が悪くなってしまうから

ヨモギを混ぜるために機械を動かして、やわらかさを見ながら、ゆで汁を足す。このときは、もち米５合に合計カップ４杯分入れた

冷めても固くならないもち！
水さらし・二度つき法

岩手県紫波町●川村恵子さん

岩手県紫波町の川村恵子さんのつくる大福が直売所で大人気だ。というのも、添加物など使わなくてももち米一〇〇％で、「冷めても固くならない」「本物の大福の味がする」からだ。
そんな冷めても固くならないおもちのつくり方は、おばあちゃんが昔やっていた方法だった。

（本文94ページ参照。平蔵伸洋撮影）

現代農業二〇〇二年十二月号

十分にうるかした（吸水させた）もち米を電動もちつき機で普通にもちにする

つき上がったら、表面に膜が張らないうちに釜ごと水を張ったタライにつけ、手早く側面から水を入れる

浮き上がったもちをタライに移し入れ、なるべく間をおかず、平たく伸ばしていく

水さらし・二度つき法によるクルミをのせたゴマすり大福

もちは部分的に熱が残らないよう均一な厚みにし、温度が下がるまで水を流し続ける

５分くらいして、もちの温度が人肌以下に下がっているのを確かめて引き上げる。冷ましすぎると固くなるので注意

再びもちつき機に入れ、フタを開けたまま数分間まわし、形がまとまったらでき上がり

二度つきし終わったところ。間をおかず、すぐにもち粉をまぶす

昭和のはじめの頃…
地域の素材を生かしたもちの数々

岩下 守・千葉 寛・小倉隆人撮影

雑穀やくず米の利用

くだけもち（58ページ参照）
（左から、ふつもち、きびもち、豆もち、白もち）（佐賀）

小《こ》米《ごめ》もち うるちのくず米は、もち米と一緒に蒸してつくとつぶれずにぷちぷちと口に当たる（奈良）

あわ、とちの実、たかきびを天然の色素材に

黄色が美しい**あわもち**
（茨城）

とちの実と**とちもち**
（岡山）

たかきびと**たかきびもち**
（島根）

豆やごま、えごま、くるみなど油脂の多い素材の活用

なべすりもち（左上から時計回りに小豆、ごま、ずんだ、豆の粉）（秋田）

左から、ごま、えごま、くるみもち（宮城）

はじめに

農家のもちが大集合。「豆腐百珍」にあやかり「もち百珍」としました。もちづくりをめぐる農家の知恵と工夫ぶりを、本文からちょっと紹介しましょう。

定番の草もち。ヨモギに賭けた大分県由布市の佐藤多喜さんは、煮汁まで混ぜ込んで「ふわっふわ」の草もちに仕上げています。自らヨモギも採りに行く佐藤さんは、「午後三時ごろに日陰になるところに生えているヨモギ」をめざします。日光が当たっているところのものよりやわらかいから。短時間でゆでたヨモギは、そのまま絞らず自然落下をまって一晩、寒にさらすと緑色もあざやか。しかも煮汁を一緒につき込むと「ふわっふわ」の草もちになります。今まで一つだけだったのに二つも夫が食べましたとは、お客さんの声。

むずかしいのが玄米もち。粒々おはぎのようにしないための決め手は、たっぷり吸水と十分な蒸し、短時間の手早いつき込み。つくときには手早い小突きが必要なので、味噌づくりの時に豆を潰す味噌切機を利用したのが千葉県の野口さん。いっぽう、もち玄米を精米してもち米と米ヌカを一緒につき込むというのが岩手県の千葉さんで、これで「なめらか玄米もち」にしています。

白もちは蒸す前の水切りからはじまり、蒸したあともできるだけ蒸気をとばして水分をとるのがポイント。こしを出し早く固くするのが肝要です。かたや大福もちやだんごなどすぐに食べるもちのテーマは、「固くならない」こと。これもいろいろな工夫が各地にあります。「水さらし・二度つき法」は話題になり、この論議に火をつけました。

このほか、もちつき機がなくても、炊飯器やレンジだけでできるもちや、忙しいけれどつきたてもちを食べたい人向けには、お急ぎもちづくりのワザも収録しています。

甘酸っぱい香りのミカンもちは、山口県周南市の女性グループ。ヘタをとったみかんをもち米と一緒に蒸してつき込みます。異色なのがショウガもち。口に含むとまず甘く、だんだん噛むほどに、ひりひりと辛い。奈良県曽爾高原の売店で販売中。この味、「くせになる」のではないかなあと思います。

紅いも入れて紫と白の二段もち、酸っぱい歯ごたえ梅のもち。砂糖とすりおろしサトイモでふっくらしたかきもち、電子レンジでふっくらあられ、さくさくとおせんべい感覚の「焼き凍みもち」、小米・くず米も生かせる「かゆっこもち」、磯の香りも広がるしゃぶしゃぶ用のワカメもちなどなど、まさに農家の「もちをめぐる知恵と工夫」の集大成となりました。

本書が届くころはすでに師走。年末年始の直売所めぐりには、農家もちの食べ歩きなどいかがでしょう。農家もちの道先案内としてもご活用ください。

二〇一六年十一月　一般社団法人　**農山漁村文化協会**

目次

第2章 これはお勧め！ 干しもち　凍みもち　もち菓子　だんご

あれこれ工夫　各種のもちのつくり方

第3章 さあ、もちつきだ！
固くならない、カビない…もちつき上手のスゴ技公開

第4章 始めました もち加工・販売
加工所の立ち上げ／加工機械・道具／販売ノウハウ

第1章

これはうまい！農家直伝 もち百珍

カラフル半月もち（14ページ）

カラフル半月もち

遊び心の雨どい利用

島根県邑南町●高垣千鶴

色もちと丸もち（手前から、黒豆、梅ジソ、カボチャ、ニンジン、ヨモギ、紫イモ）

私の住む邑南町は島根県中央部にある山間の町です。私は現在六二歳。子ども三人のうち、娘二人は広島在住です。

ここ上大畑谷《かみおおはただに》集落は、兼業農家が多く高齢化も進んでいますが、みんな自分の農地をきちんと管理し、農作物を育てています。そんななか、高齢者自身の生きがい対策にもなる、息の長い農産加工活動をめざし、平成十八年「しまねいきいきファンド事業」の助成金も受けて、もちの加工に取り組み始めました。メンバーは二〇人ほどで集落の方ばかり。

遊び心で色もちつくりにチャレンジ

当初は、販路の確保のため真空パックにした平もちの販売のほか、もちつき体験ができるよう臼や杵を持って町内のイベントや広島県のイベントに参加したりもしました。また、メンバーそれぞれの職場で試食をしてもらい、注文をもらったりもしました。

十二月いっぱいはお正月用の平もちを、一月からは節分用の豆もちつくりにも取り組みましたが、この豆もちをきっかけに、「ヨモギもちもつくろう」「カボチャを入れてみよう」「ニンジンは？」「紫イモは？」などと遊び心でいろいろな色もちにチャレンジしてみました。

また、素材の味を生かし、焼くだけですぐに食べられるようにと、「塩を入れてみよう」「砂糖にしよう」と試してみると、ほのかな味わいのある色とりどりのもちに。試食した職場の人にも「食べやすいね」「きれいねえ」と喜ばれました。

雨どいに流して半月状に！

そこで、毎年この集落で収穫できる作物で色もちをつくろうと、グループ全員で考え、黒豆、カボチャ、ニンジンのほか、家にある梅ジソ、ブルーベリーのジャム（ブルーベリーは休耕地に植え、集落中で育てている）を持ち寄りました。

素材ごとに水分量も違うので、手水の調節、素材投入のタイミングなど、きれいな色をめざし試行錯誤を重ねました。

また、最初は丸もちをつくっていまし

たが、簡単に切り餅がつくれないかといった知恵を出し合い、ここでも試行錯誤。そしてついに、ある道の駅で見た半月形のもちをヒントに、グッドアイデアが浮かびました。雨どいに流して成形する方法です。押し切りを使えば切るのもラクで、見た目もかわいくおしゃれになりました。「やったー！」という感じで、現在のカラフルなもちが完成しました。

もちつきは夜だけど 話ながらの作業は楽しい

実際のもちつき作業は夜。昼間働いている五〇代、六〇代が中心です。もちについた粉をきれいに落としたり、真空パック詰めしたり、必要な野菜の栽培・収穫、ヨモギ摘み、豆の選別などの細やかな作業は、七〇代、八〇代のメンバーが中心です。十月後半から十二月までが白もちと正月用のお重ねで、一月から三月末までが色もちつくりになります。

十二月に入るとほぼ毎日の作業になります。寒い時期なので大変ですが、私から連絡を入れると、「いろいろ話をしながらの作業が楽しいから」とみなさん快く加工場に来てくれます。

販路を広島にもと思っていましたが、町内での口コミが広がり、今は地域内の注文だけで忙しいくらいです。時給も最低賃金程度は払えるようになりました。また、よそで売れているもちも見てみようと、研修（道の駅めぐりや温泉）へ出かけ、そのときの補助も少しは出せるようになりました。ときどきの依頼に合わせ、誕生日の一升もち、端午の節句のまきもち、あんもち、おはぎ、赤飯などもつくるようになりました。

今後も、みんながつくった素材が生かされ、ワイワイとアイデアを出し合い、元気な限り一〇年、二〇年と楽しく続けられる加工場でありたいと思います。

現代農業二〇一六年一月号

半月もちのつくり方

❶ 雨どいにラップを敷き、もちをはめ込む

❷ 冬場は２日ほど乾燥させる

❸ 押し切りで切っていく

ホットプレートで焼く六色もち

冷めても固くならない

奈良県曽爾村●吉田悦美さん

吉田さんは、関西で有名なススキの名所・曽爾《そに》高原の入口にある小さな売店であん入りのもち（六色もち）を、ホットプレートで焼いて販売している。秋の２カ月半ほどの期間中に、平日で 300 ～ 400 個、土日はなんと 1,000 個も売り上げている。その秘密は、もち米を蒸すときにサツマイモを一緒に入れて冷めても固くならないもちにしていること。

吉田さんの六色もちのつくり方を教えてもらった。

もち米と一緒にミカン、皮をむいたサツマイモを入れて蒸す

ミカンもち

家庭用のもちつき機３台をフル回転させながら、もち米1.5升ずつを炊いていく。蒸す・こねる（小づき）の工程までは、もちつき機で行ない、仕上げの杵つきは手作業だ。

こね上がったところ

ミカンもちのつくり方

1. もち米をといで浸水。翌朝と翌々朝の２回水を換え、48 時間浸ける
2. もち米 1.5 升にミカン３個分。ヘタをとって４つ切りし、皮ごと入れる。皮をむいたサツマイモも一緒に蒸す
3. もちつき機で 40 分ほど蒸し、フタをとって 10 ～ 15 分ほどこねる
4. 臼に移して、赤ちゃんの肌のようにツルンとなるまで杵でつく
5. 中にあんを入れてもちに成形。65 個ほどできる

仕上げは杵つき。もちの肌がツルンとなるくらいまでつく

あん入りもちをつくる吉田さん。甘さ控えめのあんこはキハダの煮汁入り。取り粉に白玉粉を使うと、もちにくっつかず、滑らかな食感に

カラフルもち
つくり方のポイント

その他の色もちも、もち米の量はすべて1.5升。
ただし、材料によって加えるタイミングがちがってくる。
＊もち米を蒸す前に皮をむいたサツマイモも加える

ヨモギもち

春にとったヨモギをペースト状にして冷凍しておく。これを自然解凍し、おたま3杯強をもち米が蒸し終わったあとに加える。しゃもじで2回ほど手がえしして中に入れ込む。

＊もちつき機によっては、ヨモギが釜の下に流れたり、まんべんなく広がりにくい場合もある

クリもち

クリは鬼皮をむき、渋皮を残したままホットプレートで焼いて冷凍。もち米が蒸し上がる15分ほど前に冷凍のクリを入れて蒸す。

クリもちの仕込み。黄色いものは皮をむいたサツマイモ

ショウガ粉末

ショウガもち

もち米を蒸し終わったときに、ショウガ粉末（委託加工したもの）をコーヒースプーン3杯分（60g）、すりおろした生ショウガをおたま2杯分、三温糖を200g、塩大さじ半分を加える。（24ページ参照）

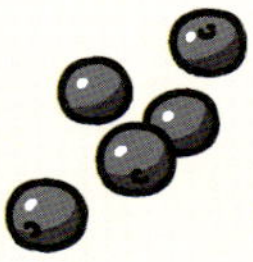

黒豆もち

黒豆は事前に炒ってペットボトルに入れて保管。機械でもち米を蒸してこね、臼にあけて杵でつき上げてから300g加える。杵でもちの中に豆を軽く押し込んでいく。

炒った黒豆

イモの中身まで色の鮮やかなものを使う

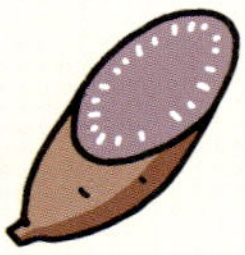

紫イモもち

もち米を蒸すときに、皮をむいた大きなイモ1本半を半月切りにして入れる。

三色豆もち
豆を別に蒸すと色もきれい

岡山県津山市●梅田由美子さん

三色豆もち。黄色がミカン豆もち。どれもカラフルな色がくすんでいなくてきれい。紫色に使う紫イモは掘りたてほど色がきれいだとか

三色豆もちを見せる梅田由美子さん。以前は色ごとに袋詰めしていたが、三色混ぜたほうが断然よく売れるという。後ろに見えるのは道の駅「久米の里」

土日は約一斗のもちを出す

岡山県津山市にある道の駅「久米の里」のもちがよく売れているらしい。なかでも豆もちが〝売り〟だという。久米の里には県内はもとより、となりの鳥取や兵庫からもお客さんが訪れ、旅行雑誌『じゃらん』の「二〇一〇年中国地方道の駅満足度ランキング」で第一位に輝いたこともあるとか。

そんな人気の道の駅にもちを出している一人が梅田由美子さん。「私、好奇心が人一倍あるの」と笑う、もちつくりが大好きな母ちゃん。黒豆の入った三色豆もちが自慢だ。

秋の土日には梅田さん一人で一日約一斗（一五kg）のもちを出し、八割がた売り切れてしまうという。久米の里には三人の農家がもちをつねに出しているというから、道の駅全体ではかなりの量のもちが売れているのだろう。梅田さんのもちつくりを教えてもらった。

豆はもち米といっしょに蒸さない

まずは、黒豆の入ったふつうの豆もち。何より目を引くのは、もちの白さだ。そのせいで、黒豆の豆の黄色と皮

の黒さもくっきり。お客さんからも「どうしてこんなにきれいなの？」と聞かれると、梅田さんは「もち米と豆をいっしょに蒸さないことかしら」と答えるという。

梅田さんによれば、もち米の上に豆をのせていっしょに蒸す人が多いみたいだけれども、それだと米に豆の黒い色がついてしまい、白いもちにならないのだそうだ。そういわれれば、黒豆をご飯に混ぜて炊くと、ご飯が黒っぽくなる。ナルホド、色のきれいな豆もちにするには、豆は米と別に蒸したほうがいいのだ。

豆はさっと洗ってすぐに蒸す

さらには、豆を蒸す前に、水に浸けすぎないこと、さっと洗ってすぐに蒸すことがミソだという。

「豆は固いものという先入観があるからかしら、水に一晩浸ける人が多いみたい。だけど、そうすると豆をもちにつきこんだときに豆がつぶれたり、皮がむけたりして汚いもちになるの」

また、豆を蒸し終わっても、すぐにもちに混ぜないこと。豆を最初から入れて長い時間もちをつくと、やはり豆がつぶれてしまう。豆はもちがつき終わる直前に入れ、もち全体に混ざればそれでいいのだそうだ。

やわらかいもちもパン切り包丁ならきれいに切れる

梅田さんはなるべくやわらかい豆もちを店頭に並べたくて、もちをその日の早朝についている。これも売れる理由の一つだが、その日の朝についたばかりのやわらかいもちを切るのは、とてもたいへ

真っ白いもちと黒豆がきれいな豆もち

梅田さんの豆もちのつくり方

1. もちをつく前日の夜に黒豆 300g を蒸す。豆はさっと洗い、すぐに蒸す。蒸し時間は 20 ～ 30 分。豆が青臭いニオイからおいしいニオイに変わったら蒸し上がり
2. もち米1升（1.5kg）を水に一晩浸けておく
3. 翌日（出荷当日の朝）、もち米をもちつき機でつく
4. つきあがる頃に塩 20g を加える
5. 塩が混ざったら、蒸しておいた黒豆を加える
6. もち全体に黒豆が混ざったら取り出す

梅田さんの
ミカン豆もちのつくり方

1. 黒豆300gを蒸す（やり方は豆もちと同じ）。もち米1升を水に浸けておく
2. もち米の上にミカンをのせていっしょに蒸す。ミカンは1個（皮ごと50 ～70g）を横半分に切り、ヘタとタネを取り除く
3. もちつき機の底にカボチャ粉末30gを入れてから、蒸したもち米を入れてつく（もち米の上にカボチャ粉末を入れるとまわりに飛び散る）
4. つき終わる頃に砂糖250g、塩17gを加える
5. 砂糖と塩が混ざったら、蒸しておいた黒豆を加える
6. もち全体に黒豆が混ざったら取り出す

※紫イモもちも、皮のついたままの生の紫イモを切ってもち米の上にのせて蒸す。ヨモギもちは茹でて冷凍しておいたヨモギをもちがつき終わる頃に加える

ん。包丁がもちにくっついて切れないのだ。一晩おいたり、冷蔵庫に入れたりして、冷やして固めれば簡単に切れるが、梅田さんはそうせず、あえてやわらかいもちを、パン切り包丁を使って切るという。

「この包丁はやわらかいパンを切るために刃が波打ってるから、もちとのあいだに隙間ができるんだと思うんです。おもちを一時間くらい冷ましてから、刺身を切るみたいにスッと引くと一回できれいに切れるんです。押したり引いたりすると、おもちの断面がギザギザになっちゃうから難しいんですよ。何をやるにも経験がいりますね」

ナルホド、売れる豆もちをつくる農家は、包丁の種類にもこだわっていた。

ミカンとカボチャ、紫イモ、ヨモギで三色もち

つづいて梅田さん自慢の三色豆もち。このもちは、もちの黄色、紫色、緑色と豆の黒や黄色が目に飛び込んでくる。思わず声をあげたくなる鮮やかさだ。これも豆もちと同様に、黒豆をもち米と別に蒸し、もちがつき上がる最後に加えているおかげとのこと。やはり、このへんがきれいな豆もちつくりの基本のようだ。

さらに、この三色豆もちには人工着色料を使っていない。黄色はミカンとカボチャ（ミカンだけだと黄色が淡くなる）、紫色は紫イモ、緑色はヨモギだけでこの鮮やかな色を出している。

もちで変える塩加減

すごいのは色ばかりではない。これらの豆もちは塩加減が大事だそうで、ミカンもちは塩味が感じられないほうがおいしいので塩少なめ。その他の白もちや紫イモもち、ヨモギもちは塩がきいているほうがおいしいので塩を多めにしているそうだ。ナルホド、食べてみるとミカンもちはミカンの酸味と砂糖の甘味がおいしく、白もちはわずかに感じる塩気がじんわりとおいしい。

なお、豆もちを切るのに時間がかかるので、三色豆もちは出荷前日の夜についている。それでも、砂糖を入れるせいか、とくに固くなることはないようだ。

さてこの日、梅田さんが出した合計五升五合のもちは、八割がた売れてしまった。三色豆もちは完売だ。

「これも久米の里があればこそ。そして久米の里の青空生産者組合のみんなで助け合ったり競争したりしてきたからこそです」と、感謝の気持ちも忘れない梅田さんだ。

現代農業二〇一三年一月号

ワカメもち、エビもち、リンゴもち

岩手県一関市●佐々木善子

どこにもない商品を

ご飯のおかずに合うものは、もちにも合います。どこにも売っていない商品を考えるうちに、ラッカセイもち、ヨモギもちや豆もちだけでなく、しゃぶしゃぶもち、ワカメもち、エビもち、リンゴもち、お茶もち、と商品が増えていきました。以下、三つの人気商品について、つくり方のポイントを紹介します。

しゃぶしゃぶでおいしいワカメもち

鍋物の季節に、しゃぶしゃぶとして入れるもちを考えていたところ、三陸沿岸でワカメを粉にした商品が売られていたので、これを利用。色もキレイで、塩味がきいておいしい！

もちつき機でもちをつき終えたら、ワカメの粉をおもちの一割分入れる。最初は粉が飛ぶのでフタをしてつき混ぜ、もち用の流し箱（三〇cm×六〇cm×五cm）に入れて固める。固まったら、押し切りで五mm幅にカットし、段々に重ねて真空にする。

お吸い物に入れて色鮮やかエビもち

もち膳のときは沼エビを使い、もちにからめて食べるが、切りもちにするとヒゲがイガイガして食べにくいので、網エビを使う。ワカメもち同様にもちをついたら、網エビと醤油を入れ、フタをしてつき混ぜる。混ざったところで流し箱に入れて固める。そのまま焼いて食べるか、お吸い物に入れてもおいしい。とにかく、色がキレイ。

エビもち。お吸い物にするとおいしい

甘酸っぱくて見た目もキレイリンゴもち

規格外品を使った乾燥リンゴをつくっているので、その切れ端でフレークをつくってみた。何に使おうかと思案し、お菓子のがんづき（蒸しパンのような郷土料理）や、もちにも入れてみた。甘酸っぱくて見た目もキレイ。ギフト用につくっている。

ついたもちに乾燥リンゴのフレークを入れ、フタをしてサッとつき混ぜる。流し箱に入れたら、上からフレークをまんべんなくふりかける。焼いて食べるとおいしい。

＊

「こし」のあるもちをつくってみなさんに届けたく、自家産のおいしいこがねもち（品種）を使っております。、農家レストラン、出前餅つき隊、もち加工と、もち・もち・もちでがんばりたいと思います。

（冒頭写真ページもご覧ください）

現代農業二〇一六年一月号

二段もち
紅いもで白と紫に
福島県三春町●佐久間いつ子

「うわー、やったー!」。思わず大声で叫びたくなるような気持ちにさせてくれたのは、今年初めて念願の出合いを遂げた紅いもです。土の中に手を入れると確かな手ごたえ。百姓になって数ある感動の中でもこれはまた格別です。

念願の紅いもでおしゃれなお菓子

念願の紅いもを収穫したら、もういても立ってもいられません。とはいっても形のよいものは宅配便にまわします。細いもの、形の悪いものが私の楽しみにお付き合いです。

主人と何にしたらよいかあれこれ話しているうちに、「もちはどうかな?」と主人が言いました。私より発想が豊かな彼は「一段ではつまらないから白と紫の二段がいい」。さっそく二段もちに挑戦。和菓子のようなおしゃれなもちができました。

気分はお菓子屋さん

もちのほかに洋菓子では紅いもパイ、モンブラン、紅いもゼリー。和菓子では紅いも羊かん、茶きん絞りなどをつくってみました。ちょっとお菓子屋さんになった気分です。子どもたちに「お母さんのお菓子はおいしいねえ」なんて言われて、思わずニッコリです。

これから挑戦してみたいものは、おこわ、饅頭、アイスクリームにうどん。いろいろ考えていると夜も眠れません。紅いもの苗を届けて下さった方々には本当に感謝しなければなりません。

現代農業二〇〇一年十二月号

白と紫の二段もちのつくり方

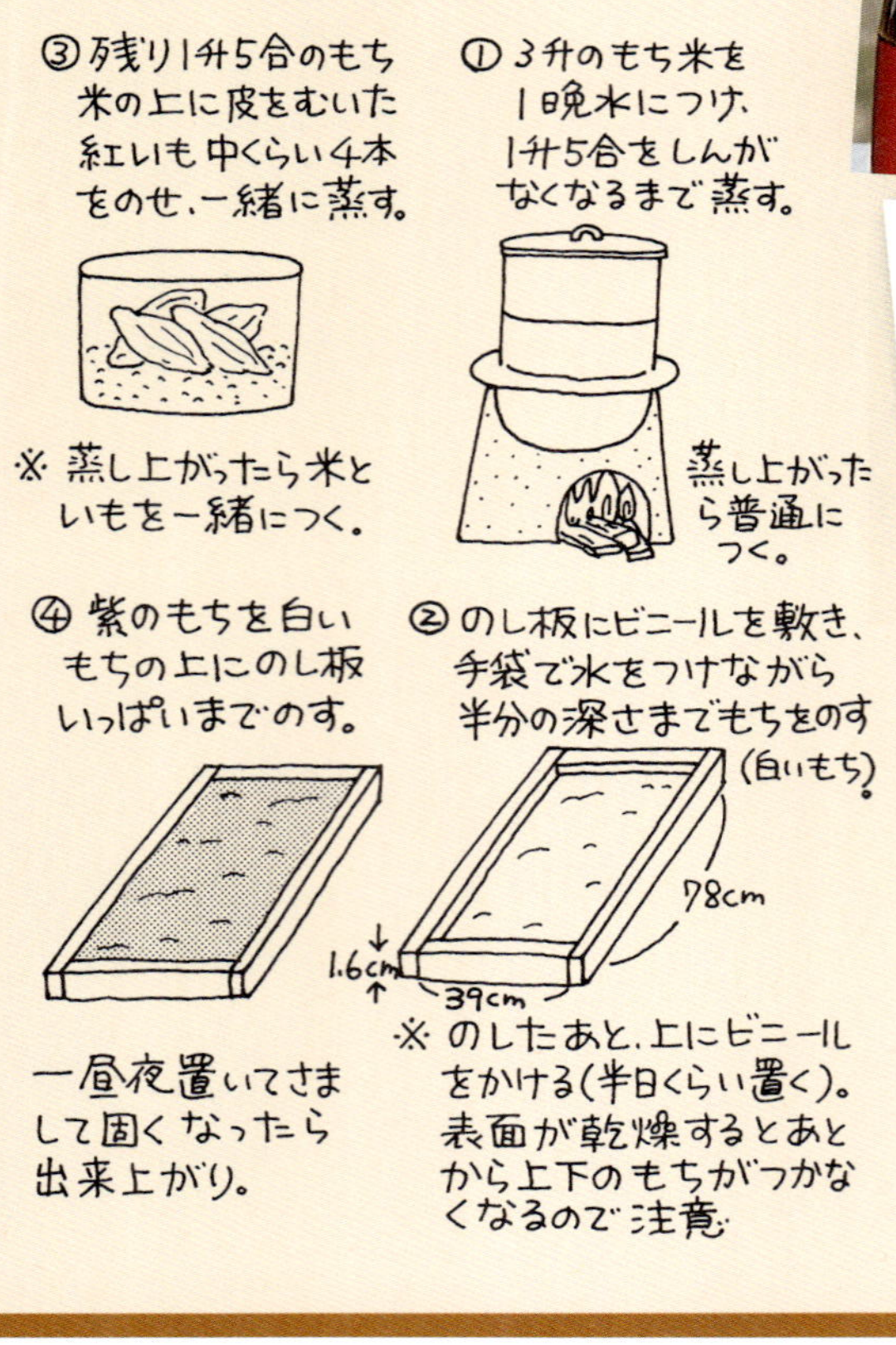
① 3升のもち米を1晩水につけ、1升5合をしんがなくなるまで蒸す。
蒸し上がったら普通につく。
② のし板にビニールを敷き、手袋で水をつけながら半分の深さまでもちをのす(白いもち)
78cm
39cm
1.6cm
※のしたあと、上にビニールをかける(半日くらい置く)。表面が乾燥するとあとから上下のもちがつかなくなるので注意
③ 残り1升5合のもち米の上に皮をむいた紅いも中くらい4本をのせ、一緒に蒸す。
※蒸し上がったら米といもを一緒につく。
④ 紫のもちを白いもちの上にのし板いっぱいまでのす。
一昼夜置いてさまして固くなったら出来上がり。

アスパラもち
ルチン含有の葉っぱを活用

●編集部

「アグリカンパニーこしじ」が売り出すアスパラもち。きれいな緑色も売り

ルチンがダッタンソバなみに多い

正確にいうと葉っぱではないが、最近、その機能性で注目を集めているのがアスパラの偽葉。読んで字のごとく葉のようなものであり、ちゃんと光合成も行なう。ただこれといった使い道がなく、株整理のときに刈り取ってもそのまま廃棄されるのが普通であった。

アスパラの偽葉（赤松富仁撮影）

そんな偽葉だが、じつは血管を丈夫にして脳卒中や動脈硬化を予防するといわれる「ルチン」を多く含んでいるのだ。北海道大学大学院農業研究院の鈴木卓准教授の研究では、偽葉の乾燥粉末一〇〇gに一五〇〇mgのルチンが含有されていることがわかった。これは若茎（食べる部分）中央部の約一〇倍の量。ルチンの多さを誇るダッタンソバと肩を並べるほどである。

緑色がきれいなアスパラもちを開発

そんな健康機能性に着目したのが、新潟県長岡市の今井利昭さんである。今井さんは農業生産法人「(有)アグリカンパニーこしじ」の取締役を務めながら、冬場は白もち、豆もち、古代米入りもち、草もちなどの加工販売も手がけている。ただ、もち加工は同業者間の熾烈な競争にさらされ、厳しい実績。そこで新商品として、アスパラ偽葉粉末を練り込んだもちを考えついたのだ。

もち米は自社生産の「こがねもち」の一等米を一〇〇%使用。そして、「ルチンが多い！」「ミネラル分（カリウム、マグネシウム、鉄分など）が豊富」「疲労回復に役立つ栄養素（ビタミンA、ビタミンB_1、ビタミンB_2、葉酸、アスパラギン酸）を含む」とアスパラ偽葉の健康パワーをアピール。

また、アスパラ偽葉粉末のおかげか、もちはコシがあり煮崩れしにくいので、焼かずに湯通しして食べるのもいける。煮ると、伸びてツルッとしたのどごしになり、鍋やラーメンにも最適。さらに、後口に感じるかすかな甘みも特徴である。

「㈲アグリカンパニーこしじ」で栽培しているアスパラ（三〇a）の偽葉を使う。毎年、偽葉のついた若茎を生育途中に三、四回整理するので、無農薬栽培なので、原料は確保できる。注文生産を受け付けている。

現代農業二〇一〇年七月号

ショウガもち 甘さのあとにピリピリ!!

奈良県曽爾村●吉田悦美

完成したショウガもち

委託加工で、売れ残りショウガを粉末に

ショウガとの出合いは、今から三年前。「吉田さん、ショウガ植えてみないか？」と熊本県の知人に誘われて、その人から種ショウガを買いました。畑に堆肥を入れて、無農薬でつくると、野球のグローブぐらいの大きなショウガがたくさんとれました。そこで「ショウガはこんなに大きいんだよ」と驚かすために、そのままの大きさで一〇〇〇円で販売。少しは売れたのですが、あまりにも多くとれたので、売れ残ってしまいました。貯蔵する場所もなく、冬を越すことは難しいので、近くで野菜などを粉末にしている「阿騎野農産物加工組合」に頼んで、ショウガを粉末にすることにしました。

ショウガ湯にして飲むと、ショウガの香りがよく、おいしい。はじめはうちで飲んだり、粉末を人にあげたりしていましたが、もったいないので、この粉を使ってなにか商品ができないか考えるようになりました。

甘みのあとにピリピリが広がる

まずは二月の大寒につくる「かきもち」にショウガ粉末を混ぜてみました。乾燥させて、油で揚げて商品にしたところ、ショウガの香りがよく、好評でした。

それなら生もちにも入れてみようとなったのです。ただ、ショウガだけだとピリピリと辛いので、子どもにも食べてもらえるように三温糖と塩も混ぜました。三温糖を入れると、もちも固くなりにくいようです。

食べてみると、まず甘みが口の中に入って、噛み続けていくと、口の中にショウガのピリピリが広がります。初めての試みでしたが、結構いける味です。つきたてが一番おいしく、焼いてもいけます。

目の前で焼いて、大人気の仙女餅

九月末から十一月いっぱいは毎日、観

光客の多い曽爾《そに》高原（奈良県と三重県の県境にある国立公園）に露店を出し、もちを鉄板で焼いて売っています。私は紫イモもち、焼いた山グリ入りもち、黒豆もち、ヨモギもち、エビもち、ショウガもちなど、この地区に伝わる仙女伝説からとって「仙女餅」の名前で売っています。お客さんに「どれがおいしいの？」と聞かれると、「おばちゃんの一押しはショウガもち」とすぐに答えます。お客さんの反応は「えー、ショウガ？　変わってるな」で終わる人もいますが、一度食べた人は「おいしい！」と必ず言ってくれます。カメラやビデオで映して、「ブログにのせるわ」と若い人たち。おじいちゃん、おばあちゃんも食べては、「お正月に白もちとあのショウガ入りのもちを宅配で届けてください」と言ってくれる人も増えてきました。

イベントなどで、いろんなところに行きますが、ショウガもちは人気があります。もちは杵と臼でついているので、たいへんです。だけど焼きもちをその場で食べて、「わし、ほうぼうへ行ってもちを食べるけど、一番おいしいかも」と言ってくれる人もおり、その一言でつらさも忘れられます。

もち米1 升5 合に対して、ショウガ粉末（60g）、すりおろした生ショウガ（おたま2杯分）、塩（大さじ半分）、三温糖（200g）。蒸し米と一緒に杵と臼でつく

筆者と主人。手に持っているのは柿を乾燥させたせんべい。これも人気商品

＊

ショウガは土づくりが大切なので、堆肥を使っています。とれたショウガは筋が少なくてとてもやわらかいです。今までの面積は五aですが、来年は一〇aに増やす予定です。

現代農業二〇一〇年十一月号

かんころもち

できたてはとてもやわらかく、扱いが大変。うちは夜つくって一晩おき、朝成形してパックに詰めています。基本的に、つくってから1 ～ 2日でそのまま食べてもらう商品です。型に流して冷蔵庫で急冷し、冷え切ったら切りもちにして、あぶって食べてもおいしいと思います。そのほうが賞味期限も長くなると思います

かんころもち
サツマイモを練り込み つきたてを食べる

山形県長井市●佐藤仁敬

つきたてを食べるかんころもち

かんころもちと聞いてピンとくる方はきっと九州の人なのでは？　一般的には長崎県のかんころもち（なまこ形でショウガが入り、切ってあぶって食べる）が有名ですが、私の故郷、宮崎県のかんころもちはちょっと違います。もち生地にサツマイモの粉が練り込んであり、甘みがついていたり、あんこを包んだりしていて、つきたてを食べるやわらかいおもちです。道の駅や直売所でよく見かけると思います。

私は山形県の長井市にて、農業の真似事と「手づくりおやつ　よっちゃん堂」という小さな農産加工所（菓子製造業）を営んでおります。このたびは、山形で

よっちゃん堂オリジナル かんころもちのつくり方

材料

もち米　1kg／サツマイモ　1.5kg／
砂糖　250〜300g（お好みで）／
塩　5〜8g

つくり方

❶もち米は一晩水に浸け、水気を切る。サツマイモは皮をむき、水にさらし、適当な大きさに切っておく

❷蒸し器でもち米とサツマイモをそれぞれ40〜50分蒸かす

❸もちつき機に蒸し上がったもち米を入れ、まずもちだけをつく。もちになったら蒸し上がったサツマイモを加え、しゃもじでつぶしながら、もちと混ぜていく

❹もちとサツマイモが完全にひとまとまりになったら砂糖、塩を加え、粒が溶けてなくなるまで、もちつき機を回す（でき上がり）

❺3玉入りのパック詰めで出しているので、もち切り機を利用して切っている。できたもちをホッパーに入れる

❻ハンドルを回しながら切って落とす。打ち粉はきな粉。この分量で18パックつくっている

筆者（左端）の家族と、妻の父母、東京からの友人（田中康弘撮影）

は多分うちだけ!?の〈かんころもち〉をご紹介いたします。

加工所を始めるに当たって、季節の野菜や果物が豊富な地域ですので、素材には事欠きません。そんな中で「山形でかんころもちを出したら面白いんじゃないか?」と思い商品化しました。つくり方は、まず宮崎の親戚のばあちゃんに聞きました。このばあちゃんは何でもできる人で、聞けば何でも教えてくれました。宮崎ではサツマイモの粉を使ってつくるのが主流のようですが、私は生イモを使いました。山形の米やイモは味が濃いからきっとおいしいものができるという予感があったのです。

郷愁のもち菓子

今はもち米もサツマイモも自分で無農薬で栽培したものを使って、かんころもちをつくっています。イベントなどで対面販売をするときには、まず試食してもらってから、九州のおやつなんですよ、と説明します。かんころもち自体の珍しさに加えて、宮崎出身の私が移住して半農半加工していることを話すと、お客さんから「へぇ～、九州から!?　がんばってね！」と驚かれ、会話が弾みます。

宮崎で生まれ山形で就農!?

山形在住ですが、もともとは九州・宮崎県で生まれ育ちました。有機農業に関わりたいと思い、いろいろなご縁で現在は山形の農村に暮らしております。基盤も設備も金もない中で農業一本で食べていくのは大変だと思い、二〇一一年十一月に加工所を開設しました。もち米をつくっているので、お赤飯や豆おこわ、もちなどを私が、焼き菓子やプリンなどを妻につくってもらい、市内三カ所の直売所にて販売。朝市やイベント販売も不定期に出店しています。

モットーは素材を大事にすること、調味料を厳選すること、「農」の匂いがする商品づくり、添加物を一切使用しないこと、おいしく楽しいこと、です。

かんころもちは、山形ではほとんどの人が初めて食べるもちですが、おいしいといって買っていってくれます。特に子どものおやつにと買ってもらえるのがうれしいですね。雪国で暮らしていますが、故郷を思い出しながらつくる郷愁のもち菓子です。

現代農業二〇一三年一月号

こんなおもちもある！

お茶もち

煎茶、ほうじ茶…どんな茶葉でもできる

滋賀県甲賀市でお茶づくりをしている藤村春隆さんのお宅で、おいしいお茶もちのつくり方を教えてもらいました。

用意するものは、もち米二升に対して一五〇～二〇〇gのお茶っ葉。まずお茶っ葉をミルか野菜のみじん切り機にかけて粉にします。そのままだと粗いので、メッシュでふるって細かくしたほうがいいそうです。あとはもちをつくときに粉を加えるだけ。最初から加えると色が赤っぽくなってしまうので、ある程度もちができ上がってから加えたほうがキレイに仕上がります。

煎茶でつくればヨモギもちのようにキレイな緑色のおもちができますが、どんな茶葉でもできます。藤村さんは、ほうじ茶もちなどもつくるそうです。ちょっと茶色っぽいもちになりますが、独特の香ばしさがおいしいと評判だそうです。

現代農業二〇〇八年一月号

モロヘイヤもち

ヨモギとモロヘイヤでぬめって香る

ヨモギもちは定番ですが、今回紹介するのは、ヨモギ＋モロヘイヤもち。さまざまな野菜を加工用にいつも冷凍保存している、広島市の沖川時恵さんのアイデアです。

夏に茹でて冷凍しておいたモロヘイヤを、もちをつく時に常温で解凍して使います。二・二升のもち米に対して、ヨモギは茹でて両手で絞ったもの三玉、モロヘイヤは一～一・五玉を、もちがだいたいつき上がってきた頃に両方入れて、仕上げます。

あんこを入れても、のしもちでもよし。香りもぬめりも両方あって評判のオリジナルもちです。

現代農業二〇一〇年六月号

ミカンもち

きれいで、風味抜群

新潟県板倉町のMさんのお宅では、お正月が近づくと、豆もちやシソもちなどいろんなおもちをつきます。その中で珍しいのがミカンもち。

つくり方は以下の通り。まず、ミカンの皮の色のついた部分だけを包丁で薄くむき、細かく刻んでおきます（皮を全部入れると内側の白い部分も入って汚くなるので外側だけを薄くむきます）。分量は、もち米二升に対し、ミカンの皮二五～三〇個分。もち米を蒸して、噴き上がってきたら、刻んだミカンの皮をのせ、再び火にかけ一〇～一五分。火から下ろして塩を一握りくらい入れ、軽く混ぜてからもちつき機でつけばでき上がり。切りもちにして保存。塩味がついているので、何もつけずに焼いて食べるのがおいしいそうです。

ミカンの皮をむくのと細かく刻むのに少々手間がかかるものの、「風味があってシソもちよりもおいしい。色もオレンジ色になってきれい」と家族に大好評のミカンもちを、Mさんは今年もつくるそうです。

現代農業二〇〇三年十二月号

もちのレタス巻き

長野県佐久市●北山春美

新鮮なパリパリのレタスで、揚げたてのもちを包んで食べてみる。想像がつく味だが、本当においしい。パリパリともちもちが口の中で溶け合い、いくつでも食べられそう。

朝ごはんにはもってこい（小倉かよ撮影）

レタス、ハクサイ、八町歩の農家です。わが家の朝食は一年中おもちです。

レタスの収穫で忙しい時期は、朝食を畑でとるため、揚げてタレをつけたおもちを畑に持っていっていました。ちょっと油っぽいので、目の前にあるレタスで包んで食べてみたら……。油っぽさとも、濃いめの味付けともよく合い、さっぱりした味になりました。レタスの収穫時期の定番朝ごはんになりました。

現代農業二〇〇八年十一月号

レタス巻きのつくり方

材料

レタス
もち
タレ（黒砂糖・醤油）

つくり方

1. もちを油で揚げるか、蒸し焼きにする
2. 黒砂糖と醤油でタレをつくり、揚げたもちをからめる
3. レタスを巻いて食べる

秘伝 お急ぎもちづくり

炊飯器でヨモギもち

奈良県天理市の宮本静子さんに一風変わったヨモギもちのマル秘レシピを教えてもらいました。もちつき機はいらず、炊飯器さえあればいつでも簡単につくれます。

まず塩をひとつまみ入れて、もち米五合を炊く。その間にヨモギをゆでて（重曹でアク抜き）冷水で何度か洗うと、ヨモギが鮮やかな緑色に発色します。ザルにあげて一〜二分水を切ったらフードプロセッサーでみじん切り。軽く搾る。ヨモギの汁は、もちの水分調節や手水にとっておきます。炊きあがったもち米とヨモギ（ゴルフボール大三個）をしゃもじでよく混ぜて、温かいうちに丸めてしまってハイ完成！ きな粉やあんこをつけて食べるのがお勧めです。

普通のおもちよりも軟らかくて、翌日でも固くならないのが大好評。お母さんのおやつのレパートリーに加えてみてはいかがでしょうか。

現代農業二〇一二年六月号

ツバキの葉でじん速吸水

愛知県豊橋市の前田昌子さんは、おもちやお赤飯は、「この日につくる」と前もって決めている場合は前の日からもち米を水にひやかしておきますが、朝、思いついて「すぐにつくりたい」というときにはツバキの葉っぱを使います。

一升でも二升でも水にもち米をひやかしたら、ツバキの葉を二〜三枚とってきて一緒に入れておきます。すると、早く吸水するようで米も早くふえます。浸けておく時間はおそらく二〜三時間でよいのでは？ 朝浸ければ昼には蒸して食べられるようになります。

もともとは嫁ぎ先のお姑さんに聞いたやり方です。今でも急いでつくりたいときは、このやり方です。

ツバキの葉を水に入れたからといって、もち米や水の色は変わりませんし、何が効くのかわかりませんが、早く水がしみて米が白くなるので、すぐに蒸せるようになります。

現代農業二〇〇六年五月号

レンジならあっという間

長野県長野市信州新町の塩入和子さんから、つきたてのやわらかいおもちが簡単に手早くつくれる方法を教えてもらいました。

まずもち米を一晩水に浸けて十分に水を吸わせたら、水気をよく切って二カップずつポリ袋に小分け。冷凍しておきます。

食べるときは、もち米をポリ袋ごとお湯に入れて解凍し、水一カップと一緒にミキサーにかけます。米の粒が砕かれて十分に細かくなったら耐熱容器に移し、ラップをして電子レンジ（六〇〇W）で二分くらい加熱します。いったん取り出しヘラでかき回したら、もう一度一〜一分半加熱。取り出してこねたら完成です。あとは適度な大きさにしてきな粉につけたり、あんこを包んだりなどお好みで食べてください。

不意の来客時にもすぐにつきたてのおいしいおもちが出せるので、喜ばれることまちがいなしです。

現代農業二〇〇九年十二月号

梅や納豆を生かして

梅もち すっぱい歯ごたえ

山口県長門市俵山小原の県道沿いにある直売所「峠のお店」で、手づくりの「梅もち」が人気を集めています。歯ごたえのあるもちに梅のすっぱい香りがほんのりと漂い、最高の味。

これは中嶋多美子さんのオリジナル商品。タネをとった梅干しの実、梅酢、シソを、蒸かしたもち米に混ぜ、臼でつき上げてつくります。全体が淡い桜色に仕上がり、見るからにおいしそう。

お店では、お客さんに思い思いの大きさで食べてもらおうと、長さ一三cm、幅九cmほどの長方形の角もちにして販売。一個五〇〇gで三〇〇円とお得です。

「一度食べたら忘れられない」と、地元の人々や道行くトラックドライバーが毎週やってきては買い求めます。中には家まで来て、直接注文していく人も。

中嶋さんは「別に味の秘訣もありませんが、これほど人気を呼ぶとは」と、ますますもちづくりに励んでいます。

現代農業二〇〇三年一月号

納豆を包み込んだ 納豆入りもち

滋賀県大津市の堀井弘子さんに、仰木《おおぎ》地区だけに昔から伝わる少し変わった納豆もちを教えてもらいました。納豆もちと聞いて想像するのは、もちのまわりに納豆を和えて食べるものだと思いますが、仰木地区に伝わる納豆もちは、納豆をもちの中に包み込んで、まわりにはきな粉をまぶしていただきます。

まずは砂糖と塩で味付けしたきな粉を用意します。砂糖は少なめがよいそうです。次につきたてのもちをきな粉の上にのせます。楕円に伸ばして、これに塩だけで味付けした納豆（市販の納豆なら一パック全部）を包み込んできな粉でまぶせば、仰木ふう納豆もちのでき上がり。

もともとは、十二月の集納講《すのうこう》のときに、大勢のお客さんにふるまうものだったとか。もちをつく機会が多い仰木地区では、どの家でも必ずつくるそうです。

現代農業二〇〇九年一月号

アイデアもちつき・保存法

初誕生日の「一升もち」
小分けで扱いやすく

生後一歳の赤ちゃんに、一升のおもちを背負わせて歩かせる、転ばせる、踏ませる……。「一升もち」は地域によって形は違えど、新しく生まれた命の無事を祝う気持ちは全国共通です。ただ最近では、大きな一升もちは扱いに困りませんか？

群馬県邑楽町の直売所「あいあいセンター」では、一〇〇gのおもちを一五個詰め（五個入りを三パック）で「一升もち」として販売し人気を集めています。

重たくて背負えない子には数を減らして調整が可能。背負える数だけのおもちを風呂敷に包んで背負わせます。背負わせたあとは、母方・父方の両親と自分のうちと、五個ずつのパックで分けてもいいですね。一個ずつラップで包んであるので、ゆっくり食べることができます。

加工部のアイデアで売り始めて一〇年。地域の直売所が地域の伝統を伝えていく。とても素敵ですね。

現代農業二〇一〇年一月号

牛乳パックの切りもち、
取り粉不要、のし作業なし

福島県郡山市の大瀧忠光さんの家では、ついたもちを牛乳やお酒の紙パックに入れて固めています。奥さんのノブ子さんから聞きました。

洗った牛乳パックに、つきたてのやわらかいもちを入れるだけ。空気が入って隙間ができないように入れることがポイントです。あとは上にラップを被せたら、常温で二～三日置き、固まったらパックごと包丁で切るだけ。

取り粉も使わず、のす作業も必要なし。キレイな切りもちが簡単にできます。

現代農業二〇一〇年二月号

電子ジャーのもちは
いつもつきたて

家電製品は、なにも取扱説明書に書いてある通りに使うだけが能ではありません。壊さない範囲でいろいろ試してみれば、案外面白い使い方ができるものです。

兵庫県三田市の辻本かつ子さんから電子ジャーのおもしろい使い方を教えてもらいました。

電子ジャーはご飯を炊き、保温しておくものですが、ついたもちを入れておけば、もちは温かいまま長時間つきたての状態を保ちます。好きなときに取り出せば、まるでたった今つき上がったような熱々のおもちを、いつでも食べることができるというのです。ぜひ、一度試してみてください。

現代農業二〇〇五年二月号

玄米もち、最高!!
甘みがあって、喉につまりにくいおなかの調子もよい

三重県多気町●北川清生

玄米もちづくりは難しい!?

私はもちつくりを一〇年前から始めているが、五年くらい前からライバルが多くなってきた。普通のもちのほかに何か売れるもちはないだろうかと考えた。新しいものをつくる時には、何か「売り」が必要だ。今の時代は健康ブームだから玄米もちにしようと即断した。そこで、玄米もちをつくり始めたのだが、白米で普通にのしもちをつくるように簡単にはできなかった。

はじめはのしもちと同じようなつくり方で、水に浸けるのを一昼夜、それを蒸してついたところ、玄米の米粒がまったくつぶれず失敗した。これでは駄目だと思い、玄米だから水を吸収しにくいのだと考え、水に浸ける時間を思い切って五日間とった。そして蒸す時間も白米のもちの倍にしてついてみた。それでも玄米は、なかなかつぶれなかった。水を打ちながら手を入れて、玄米もちをひっくり返して……、と慎重にしたにもかかわらず、打ち水が多すぎたのかトロトロのやわらかすぎる玄米もちになってしまった。

水が少ないと玄米のもち米がつぶれず、多すぎるとトロトロになる――玄米もちは水加減がこんなに難しいのかと初めて知ることとなった。水加減がいいともちがつけてくる頃には丸くなって、プリプリと弾力ある玄米もちができ上がった。しかし、うまくできる時もあったり、トロトロの玄米もちの時もあったりと、一定しないのが悩みの種だった。

また、蒸し時間が短かすぎて、いくらついても丸まらず、パサパサでボロボロになり、玄米もちならぬ玄米せんべいにしてしまったこともあった。

タイマーで計りまくって突き止めたおいしい玄米もちのつくり方

玄米もちを始めた一年間は、このように成功と失敗の繰り返しだった。そのことを踏まえて、二年目からはうまくできた時の蒸し時間、つき時間をタイマーで計りまとめていった。タイマーを使用して玄米もちをつくようになってから、私の気に入る玄米もちができるようになった。

❶もち米を五日間水に浸ける

私の場合一臼分は一・九升になる。玄

筆者（赤松富仁撮影）

米は洗わずそのまま水に浸けるが、毎日キレイな水に換え、換える時は必ずザルを使って古い水を完全に切る。五日浸けて、発芽直前くらいまでもっていく。

❷二五分間蒸す

火力の強いガスコンロで一気に蒸し上げる。火力が弱いと蒸すのに時間がかかり、もち米がべちゃっとしてつきにくくなってしまう。私が使っているのは三連コンロ。

❸もちつきは一五分で仕上げる

普通のもちのようになかなかつぶれないので、ついつい水を打ってしまう。しかし、水を打ちすぎるとトロトロの弾力のない玄米もちになる。多すぎない程度に適度に水を打たないといけない。これは、苗の水やりと一緒で経験から会得することとなる。

❹ついた玄米もちを素早くのばす

つき上がったらすぐにのし板にとり、できるだけ手際よく均一の厚さを意識して手でのばす。私はもちとり粉をまったく使用せず、のし板の上に敷いた専用のポリシートの上でのばしている。カビが生えにくく、見た目にもサッパリする。

❺半日から一日おいて、もち切り・製品パック詰め

五㎝×七㎝に切った玄米もちを、黒いパックに五個ずつ詰める。一臼から一四パックできる。

毎日五切れをペロリ、腹もち抜群

このようにしてできた玄米もちは最高だ。焼きもち、鍋の食材等、いろいろな食べ方があるが、玄米もちは甘味があり、普通のもちほどのびないので噛み切りがよく、喉につまりにくいのが特徴である。

毎年、十〜二月頃まで玄米もちをつくっているのだが、その期間、私は玄米もちを昼食に毎日五切れ食べる。おいしいのでついつい食べすぎるのもあるのだが、昼食に玄米もちを食べると腹もちがよく、夕方になっても空腹感がないため、仕事がはかどる。

どんどん売れて、もち米一俵八万円！

つくった玄米もちだが、主に直売所で五個入り三〇〇円で販売している。一日おきに二臼、年間七俵くらいついて、五カ月間販売する。玄米もちに加工して売ると一俵のもち米が八万円ということになる。

玄米もちを買い求めるお客さんは年々増えていて順調に販売が伸びている。「体の調子を整えるのに、玄米もちが必要です」「腸の調子がよくなりました」等、嬉しい声が届いている。

今後とも、コツコツと丁寧に玄米もちをつくり、励んでいきたいと思っている。

現代農業二〇〇九年十二月号

プチプチ玄米もち つき方 その①

もち練り機でスピードアップ

千葉県我孫子市●野口忠司

香ばしさや甘みと、独特のプチプチした食感がおいしい玄米もち。失敗しないコツを公開します。

（表記のないものはすべて倉持正実撮影）

わが家のもちつきは杵でつきます。玄米もちはついている最中に冷めるとパサパサになってうまくまとまりません。蒸し上がった玄米を１回もち練り機に通しているので、手でつく時間が短くなって熱々のままつき上がります。ほら、こーんなに伸びるんです

2日以上吸水 1時間蒸す

水に浸けて3日目のもち玄米。発芽している玄米もあります。水は毎日替えて、最低2日は浸けるようにしています

蒸し時間は1時間くらいと長めに

赤米・黒米を白米に混ぜてもちにするときには、赤玄米・黒玄米をもち白米に挟んで蒸せば、赤色や黒色の汁でネットを汚さないですみます（もち白米と赤玄米・黒玄米の割合は3：1）

もち練り機に通すと早くつき上がる

蒸し上がった玄米をすぐにもち練り機に通す。私が使っているのは丸七製作所の味噌切機で、兼用しています

もち練り機を通した玄米。米粒がかなり残っています。ちゃんともちになるか心配でしょう？

ほら大丈夫。つき始めて8分で、すっかりもちらしくなりました

のし板の上で伸ばしたら、透明のポリ袋に入れて形をととのえます

一晩冷ましたものを切って完成（気温が高い季節は、発酵したり、カビが発生しやすかったりするので冷蔵庫に）。手前から時計回りに玄米もち、黒米もち、赤米もち。それぞれついている途中で塩を入れて味をつけます。黒米もちには香りづけにエゴマも混ぜてあります（小倉隆人撮影）

現代農業2009年12月号

プチプチ玄米もち

つき方 その②

勘どころは吸水・蒸し・打ち水・つき時間

富山県富山市●㈲小原営農センター

熱いうちにつき上げる

㈲小原営農センターは、富山市の南、飛騨街道が峡谷から平野に入った大沢野で、四〇haの有機栽培に取り組んでいます。二〇代から五〇代までの農業大好きな一〇名のスタッフが、お米、大豆、野菜を育て、これらを原料に豆腐、納豆、おもち、漬物などの加工品も製造しています。

玄米もちは、もちを製品化した一九九四年当時から必須アイテムでした。有機栽培米のお客さんの多くに玄米が支持されていたからです。

私たちの玄米もちは、玄米のプチプチした食感をあえて残したおもちです。ただ、実際に取り組んでみると米粒をつぶす工程（もち練り機など）を経ないで一般のもちと同じようにつくるには工夫が必要で、何度やっても、もちではなく、おはぎにしかなりませんでした。

冷めた玄米はいくらついても粒と粒がお互いに逃げてつぶれなくなります。吸水時間や蒸し時間を十分とることも大事ですが、短時間で一気につき上げることがもっとも大事だとわかりました。粒がつぶれ出すと粘りが増して、一気にもちらしくなります（「プチプチ玄米もちのつくり方」は42ページ参照）。

機械を使わずに、手つきでやる場合は臼・杵をあらかじめ温めておくなどの工夫をして、とにかくつき終わるまで、もちを冷まさないように手早くつくことが肝心です。つき続けると白米に比べられないほどの粘りが出てきます。手水もお湯を使い、熱々のままつき終わると、機械でついたときと同じようにプチプチのおいしい玄米もちに仕上がります。

コシが強いのによく伸びるもち

玄米もちの粘りは白もちのそれとは質が違うようです。とくに玄米もちはひとたび粘ると杵にベッタリとくっつきます。食べていただければわかるかと思いますが、玄米もちにはつぶれた粒とつぶれていない粒、粘る部分と粘らない部分が混在していて、白もちのように均質ではありません。これが玄米もち特有のコシと食感を生んでいるのだと思います。

コシが強くて雑煮に入れても溶けず、それでいて白もちと同じくらい伸びる、めずらしいもちです。磯辺焼きでも、おでんの巾着に入れても楽しめます。

若手の従業員たちです

原料を厳選した「百姓もち」

私たちのおもちは「百姓もち」（八枚入りパック切り餅、賞味期限九〇日）の名称で一九九四年に製品化し、現在まで多くの皆様にご愛顧いただいています。有機JAS認定圃場で自家栽培した新大正モチを原料に、玄米、白、よもぎ、黒豆、昆布、黒米、白えびの七種類があります。

もちに混ぜるものもできる限りよい材料を選んでいます。

ヨモギ……周囲からの化学農薬等の汚染の影響のない山の畑で、春先の新芽だけを手摘みし即日茹でて冷凍保存したもの。

黒豆・黒米……有機JAS認定圃場で自家栽培したもの。

昆布……北海道紋別産の天然物。

甘エビ……富山県新湊港で水揚げされた甘エビを新鮮なまま素干しにしたものを粉砕・加熱し混入。

「百姓もち」は次の方法でお求めいただけます。

・全国のビオ・マルシェの宅配、通販、お店（http://www.biomarche.jp/）
・富山県アンテナショップ「いきいき富山館」（JR有楽町駅前 http://toyamakan.jp/）
・JAあおば農産物直売所「みのり館」（富山市上大久保）

なお、百姓自らの加工ですので、農閑期（十一月～三月）だけの製造となります。

現代農業二〇〇九年十二月号

① 吸水は白もちより長く、2日前から。冬場で40時間以上

② 蒸し時間は白米の3倍で1時間

③ つく直前に天塩を25ｇ（3升当たり）入れる。玄米独特の苦みを抑え甘みを引き出すため

④ つく時間は自動杵つき機で3分30秒(3升)。白米の1.5倍の時間だが、**冷めないうちに手早く**つくのが肝心

※最初から2分間は打ち水を間欠的に差すが、白米と逆で打ち水を増やすと余計に粘るので、打ち水は最小限に。2分間ついた頃から粘りが非常に強くなる。まれに杵に張り付いて臼の外に飛び出そうとするので注意

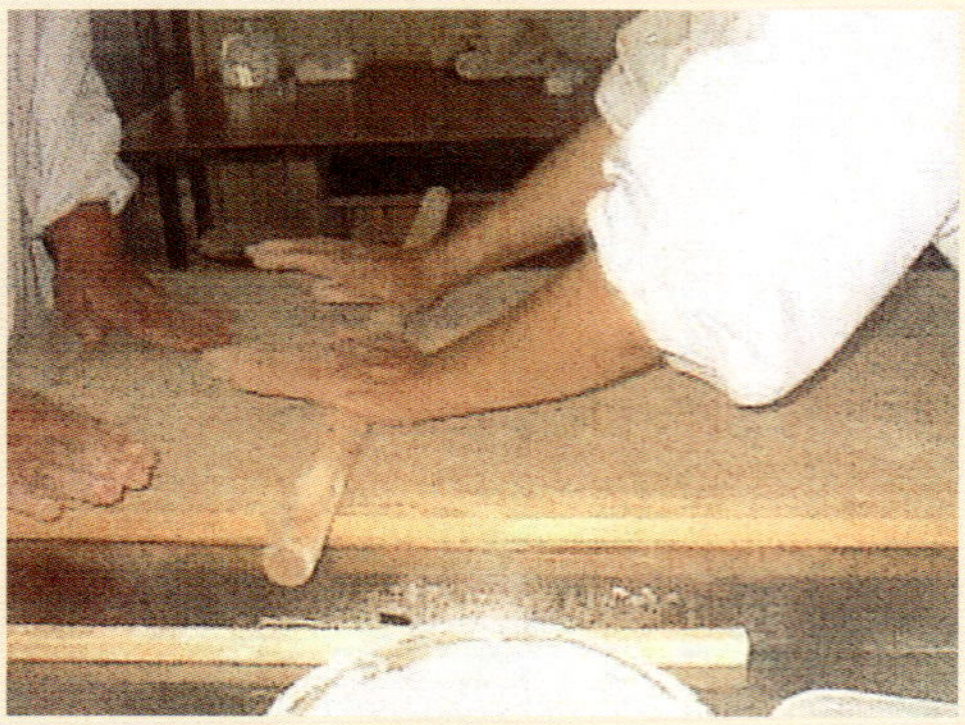

⑤ つき終えたら、約15㎜の厚さに均一になるよう、二人がかりで手でのし、翌日まで冷ます

※もち取り粉は、有機栽培コシヒカリの小米（選別落ち）を製粉して使う。使う直前に電子レンジで全体が90℃以上になるように加熱殺菌

郵 便 は が き

おそれいります が切手をはって お出し下さい

1078668

（受取人）
東京都港区
赤坂郵便局
私書箱第十五号

農 文 協
http://www.ruralnet.or.jp/
読者カード係 行

◎ このカードは当会の今後の刊行計画及び、新刊等の案内に役だたせていただきたいと思います。　はじめての方は○印を（　）

ご住所		（〒　－　） TEL： FAX：
お名前		男・女　歳
E-mail：		
ご職業	公務員・会社員・自営業・自由業・主婦・農漁業・教職員（大学・短大・高校・中学・小学・他）研究生・学生・団体職員・その他（　）	
お勤め先・学校名	日頃ご覧の新聞・雑誌名	

※この葉書にお書きいただいた個人情報は、新刊案内や見本誌送付、ご注文品の配送、確認等の連絡のために使用し、その目的以外での利用はいたしません。

- ご感想をインターネット等で紹介させていただく場合がございます。ご了承下さい。
- 送料無料・農文協以外の書籍も注文できる会員制通販書店「田舎の本屋さん」入会募集中！
  案内進呈します。　希望□

■毎月抽選で10名様に見本誌を1冊進呈■（ご希望の雑誌名ひとつに○を）

①現代農業　②季刊 地 域　③うかたま　④のらのら

お客様コード □□□□□□□□□□

O14.07

お買上げの本

■ ご購入いただいた書店（　　　　　　　　　　　　　　　　　　書 店）

●本書についてご感想など

●今後の出版物についてのご希望など

この本をお求めの動機	広告を見て（紙・誌名）	書店で見て	書評を見て（紙・誌名）	出版ダイジェストを見て	知人・先生のすすめで	図書館で見て

◇ 新規注文書 ◇　　郵送ご希望の場合、送料をご負担いただきます。

購入希望の図書がありましたら、下記へご記入下さい。お支払いは郵便振替でお願いします。

（書名）	（定価）¥	（部数）　部
（書名）	（定価）¥	（部数）　部

460

小原営農センターのプチプチ玄米もちのつくり方

⑥ 粗熱が取れたら別の板に返し、裏表とも粉をできるだけ吸引（カビを防ぐため）

⑦ 翌日カッターで切り、量目（8枚入り400g）を揃えて袋詰め。脱酸素剤を入れシールし、ラベルを貼って完成

現代農業2009年12月号

精米したもち米と米ヌカを一緒について
なめらか玄米もち

岩手県一関市●千葉美恵子

もち米と米ヌカを一緒についたオリジナル“玄米もち”。ツルツルなめらか

玄米もちは、つぶすのがたいへん

『現代農業』二〇〇九年十二月号「玄米特集」の玄米もちのつき方の記事（40～43ページ）を見て、ちょっと驚きました。玄米をいかにつぶしてもちにするか、いろいろと工夫している様子に、「もっと簡単に玄米もちができるのに」と思ったからです。

じつは私も何年か前に、市販の玄米もちを食べておいしかったので、自分でつくってみようと、精米もち米と同じ方法で玄米をもちつき機にかけたことがあります。しかし、そのときはパラパラと玄米が踊って、ぜんぜんつぶれませんでした。そこで、もう一度蒸し直してついてみたけど、やはりつぶれないで、あきらめた経験があります。

古代米は粉にしてから玄米は米ヌカを使えばカンタン

業者さんがつくっている古代米大福はツルツルシコシコ、ぜんぜんつぶつぶがありません。どうしてつくるんだろうと思っていたある日、道の駅に納品に来た業者さんに尋ねてみたら、「古代米を粉にして使っているようだ」と教えてくれました。

これをヒントに、かつてできなかった玄米もちもつくれると感じました。玄米を精米すれば白米と米ヌカになる、それをまた合わせれば……、もとの玄米の形にはならないが、成分は玄米と同じ。これだと思いました。足し算と引き算の原理だ。精米したもち米と米ヌカを一緒につければ、玄米もちになる!!

考えは的中、なめらかな市販品のような玄米もちのでき上がりです。

二時間足らずで一六〇袋完売

米ヌカを利用した玄米もちは、もともと販売していませんでしたが、そこに玄米特集の記事、再び火がついたのです。各地の人たちが玄米をつぶすために工夫しているのなら、米ヌカを利用した自分の玄米もちは製品になると思ったのです。

そこで直売所で売り出すとともに、試食販売会を企画していただきました。玄米もちは、当地ではあまり知られていません。多くの人に味わっていただくことを目的に、ホットプレートを持ち込み、玄米もちを焼いて、お客さんに振る舞いました。「お客がどのように反応するか？　もし売れなかったら？」と、とても不安でしたが、焼くのが追いつかないほどで、用意した一二〇袋の製品も二時間足らずで完売でした。

お客さんの数人に、どのようにしてつくったかと聞かれましたし、「香ばしくておいしい」「歯切れがよくて食べやすい」などの声もありました。中には「ホットプレートでもちを焼くとは知らなかった」と驚く人もいたりで、あっという間の二時間でした。

好評だったからもう一度ということで、二回目は一六〇袋用意して、これも二時間足らずで売り切ったのです。

米産直のお客さんにも喜ばれた

この調子だったらお店でもどんどん売れるかと期待したのですが、そうはいきませんでした。要は試食販売会の売り方がよかったからで、サービス心が旺盛な私は、玄米もちを二袋お買い上げいただいた方に、果報だんご用のあんこ（角パック入り）をサービスに付けたのです。それが魅力だったようで、お客さんの賢さをつくづく感じさせられました。

それでも当初の目的は達成でき、その後つくった玄米もちも賞味期限内には売ることができました。販売は、もちがよく売れる年末年始を中心に、冬季のみ。また、年を通して有機玄米を届けているお客さんに、ご愛顧のお礼として年末に玄米のしもちを届けて、喜ばれました。

私は「つぶつぶ」よりも、断然「ツルツル」派

二〇一〇年の「読者のつどい」（「加工講座」講師は小池手造り農産加工所の小池芳子先生）には、全つぶしの玄米もちと古代米もちを持って参加したのですが、小池先生の突然のご都合でそれがかなわず、とても残念でした。でも、参加した人たちから、「わざとつぶつぶを残すんだよ」とか、「つぶつぶが好き」「つぶつぶがないのがいい」といろいろな評価をいただきました。私はつぶつぶがないほうが好きなので、このまま続けようと思います。

現代農業二〇一一年十一月号

千葉さんの 玄米もちのつくり方

1. もち米は洗ってから半日水に浸す
2. もち米の米ヌカ（もち米の１割）は、ボウルの中で適量の水で湿らせ、しっとりボロボロ状態にする
3. 蒸し器に水を切ったもち米を入れ、その上に②の米ヌカをパラパラと散らして蒸し、もちつき機にかける

※本来食用としない米ヌカを使うため、モミ、異物、ほこりなどはしっかり取り除く。精米機もきれいにしてから使う。玄米をサーッと洗って乾かしてから精米すればなおよい

ふわっふわの食感と色と香りでお客さんを獲得

大分県由布市「蓬」●佐藤多喜さん

一年分のヨモギを自分ひとりで採集

大分県由布市で農家民宿を営む佐藤多喜さんは、まさにヨモギ浸けの毎日。そもそも民宿の名前からして、そのものズバリの「蓬《よもぎ》」。これは多喜さんの姪っ子が、「おばさんは草もちつくりが上手だから」といって、つけてくれた。

「長年、草もちをつくり続けてきて、私の手はもうすっかりヨモギの手！」

毎日毎日販売用の草もちをつくり続ける手である。一〇年来の感触が染み込んでいる。

それから、毎年一年分のヨモギをひとりで採集する手でもある。なんといっても多喜さん、人に頼むんじゃなくて、自分でヨモギを見つけることにこそ喜びを感じている。

以前、独居老人への配食サービスの仕事をしていたときは、車の運転中であろうと、あの独特の緑色がすぐに目に飛び込んできたという。あそこに、きれいなヨモギが生えている……。そうなるといてもたってもいられない。急いで仕事を片付け、家路の途中で全部刈り取ってしまう。だから、多喜さんの自家用車には常に鎌やハサミなどのヨモギ採集セットが常備されていた。あきれた同僚からは「あんた、ヨモギをとるためにこの仕事をしてるやろ」と言われる始末。

しかしそのおかげで、多喜さんは現在、「そこに行けば必ずヨモギが生えている」という自分だけの秘密の場所をいくつも持っている。特に午後三時ぐらいから日陰になるところがお気に入り。日光がずっと当たるところよりもヨモギの葉っぱがやわらかいからだ。

ヨモギは幾種類もあるが、多喜さんは右端のように葉っぱの丸っこいものを中心に使う。葉っぱがやわらかい。左端のカワラヨモギは硬いのであまり使わない

均一に湯がくためにも、ハサミで大きさを揃える

こんなにとれた♡

ふわっふわの新食感、秘密はゆで汁

三〜十二月、草もちを出すシーズンになると、多喜さんの朝は早い。「草もちをつくらないと、一日がはじまる気がしない」という多喜さんは、四〜五時に起きて、毎日三〇個、近くの豆腐屋さんで売ってもらっている。土日はこれに加えて、もう六〇個。自分が経営する直売所用である。

ここでは多喜さん自ら店頭に立ち、午前中には売り切ってしまう。近くには、炭酸水が自然に湧き出る名所があり、土日ともなると、その水を汲みに来る人で賑わう。その道中で「あそこの直売所で草もちを買っていこう」となるのだ。お得意さんたちの感想は、揃いも揃って

「多喜さんのもちは生地が違う」。

一口食べてみると……、新食感！　まるでもちじゃないみたい。ふわっふわで、まるで泡のようなのだ。これが二日は持つという。

「私のもちにはあれが入ってるからね」

「あれ」の正体とは、なんとヨモギのゆで汁。これが多喜さんにとっては魔法の液体なのだ。

「あまりにきれいだったから、もちにも色がつくと思って、試しに打ち水がわりに使ってみたのが最初」

するとどうだろう。もちがふわふわしだした。もしかして、ゆで汁のおかげ？　ゆで汁を余計に入れてみたら、もっとふわふわしだした。

以来、多喜さんの草もちにはヨモギのゆで汁が欠かせなくなった。もちろん冷凍保存しておくのも、ヨモギだけじゃなくって、ゆで汁も。

歯ごたえ派の姉にも認めてもらった

もっともこのふわふわっぷりは、みんながみんな手放しで評価してくれるわけではない。なにか化学的なものを使っているんだろうと訝しがる人もいれば、コシがないと断を下す人もいる。確かに、草もちといえば昔ながらのしっかりとした歯ごたえをイメージする人も多い。

しかし、だからこそ多喜さんのふわふわ草もちが生きてくる。ちゃんと棲み分けができているのである。

やわらかければ、それだけ食べやすい。胃にもたれないのでつい食べ過ぎてしまう、という声が多喜さんには多く寄せられる。また、「一パック三つ入りのもちを買っても、お義理で一つ食べるだけだった主人が、多喜さんの三つ入りパックを買ったら、続けざまに二つ食べるようになった。今度は、私が一個しか食べられなくなっちゃった」なんて人もいた。

ヨモギのゆで汁を入れたもちは、こんなにやわらかい

そして、二一歳離れた姉にお墨付きをもらったのが多喜さんにとってなにより大きい。今は現役を退いたものの、昔は一緒に直売所を切り盛りしていたこの姉、じつは根っからのコシのある草もち派。そんな姉が、多喜さんが草もちの「歯ごたえ」から「ふわふわ」への大改革をやったときにい言った。

「あんたのやることは人並みでない」

これは多喜さんにとっての最高の褒め言葉。

丸めるのが早くすむ

もちがやわらかいということは多喜さんにとっても都合がいい。扱いやすいから、もちを丸めるのが簡単なのだ。あんこを包んだら、押しつぶすように両手でポンと挟めばでき上がり。時間短縮にもなる。

よく、両手ですりすりしながら丸める人もいるが、多喜さんにいわせれば、それをやると中のあんこに片寄りができてしまう。

また、あんこがかたいと、もちがやわ

らかいため外に飛び出してしまう恐れがある。だから多喜さんは、あんこもやわらかめに仕上げている。

色や香りを食べてください

ゆで汁の利用は六～七年前から続けているが、これにはふわふわへの期待だけでなく、一度流れ出たヨモギのよさを再び戻してやる狙いもある。

「ゆで汁には、ヨモギの栄養がいっぱい入っているのに、捨てるなんてもったいない。私はここ二年ほど、もちに使うだけじゃなくて、毎日コップで飲んでる」

ひどい高血圧だった多喜さんも、以来、病院に行っていない。この健康にいい成分も、もちに加えていることになる。

さらに、ゆで汁のおかげで、色も香りもヨモギ特有の野趣に富む。だから、多喜さんのもちは、食べる前でも強烈な香りが漂ってくるほど。

これも大きな売りになる。民宿で接待しているときに気づいたのだが、お客さんはみんな、草もちや草だんごにいきなり口をつけるんじゃなくて、鼻を近づける、あるいは目の前に持っていく。まずは、香りや色を楽しんでいるのだ。

これを素直に受け取って、多喜さんは直売所でも、「冬が終わって春が来ました」「香りを食べてください」「色を食べてください」というポップを貼るようにした。それだけに留まらず、お客さんにはみんなに口で伝えるようにした。

この直売所の売りは草もちともう一つ、多喜さんの人懐っこい笑顔である。

最後に多喜さんが今年の書き初めで詠んだ句で結びにしたい。

摘まれても
摘まれても
芽を出す野草
その名はよもぎ

（冒頭写真ページで、多喜さんの草もちつくりを紹介しています）

現代農業二〇〇八年五月号

佐藤多喜さん。民宿「蓬」で草もちを振る舞うほか、毎日直売もしている
（すべて小倉隆人撮影）

うるち米でつくる ヨモギ入りのつきぬきもちが人気

千葉県匝瑳市● 依知川 智

直売所で年中販売

合併して人口四万人足らずの小さな市の片田舎で農業を営む七八歳のおじいさんです。田五町足らず、畑二反くらい。一四年前、直売所がオープンして会員になり、ヨモギ入りの「つきぬきもち」(棒もち)を出しはじめました。わけは草もちを出荷する人が少なかったからです。

つきぬきもちとは、うるち米でつくるもちのことです。待っているお客さんがいるので、一日おきに二十数本(米三升分)のペースで一年中販売しています。「おいしい」「色がきれい」と好評です。「もちがおいしかったから、米もほしい」と言ってくれる人もいて、米の販売につながっています。

つきぬきもち。切って、きなこをかける。もちもちした食感で、歯切れがよく食べやすい(写真はすべて依田賢吾撮影)

つきぬきもちのつくり方（米3升分）

1. うるち米をよく水洗いし、一晩水に浸し、ボイラーの釜で蒸かす（蒸かす1時間前に水きり）。蒸かす時間は沸騰してから15～20分
2. 蒸し米を幅50㎝、長さ70㎝、深さ15㎝の容器に広げ、ぬるま湯（1ℓ前後）に砂糖（15～20g）を溶かしたものをかけ、むらなくかき混ぜる
3. セイロに戻し20分蒸かす。再び容器に広げたところへ、叩いて刻んで人肌くらいに温めたヨモギ（1kg）を入れる。厚手の手袋をつけて、少し力を入れて混ぜる
4. ヨモギがむらにならないよう、棒もち用のもちつき機に3回かける。ラップして完成

※棒もち用のもちつき機とは、穴からもちが棒状に練り出されるモーター式のもち練り機。部品を換えれば、味噌づくりにも使用可能

包装した状態。棒状のつきぬきもちが2本入っている。きなこ付きで325円（税込み）

ヨモギは畑で栽培

つきぬきもちに使うヨモギは畑に植え付け栽培しています。長さ三〇mのウネが五列あり、順に収穫。二人で二～三時間摘むと二〇～二五kg（二ウネ分）になります。摘んだあと、鶏糞、米ヌカ、化成肥料などをまいておけば、また一五～二〇日後に収穫できます。一ウネ四～五回摘めるので、五ウネでだいたい二〇〇kgになります。

収穫したヨモギはすぐに大きめの鍋で一～一・五kgずつ何回にも分けてゆでるのですが、そのつど色をよくするために重曹を小さじ一杯入れ、また、水もどんどん減るので足していきます。

色合いを見ながら、ヨモギを鍋からあげ、梅干しを干すカゴなどに広げます。薄ければ薄いほどいいのですが、素早く広げないと、色が悪くなります。冷めて黒緑色になれば大成功。翌朝、一kgずつポリ袋に入れて冷凍します。

使うときは解凍して、軽く絞って、まな板の上でよく刻んで、セイロで蒸して少し温めます。こうするとつきぬきもちの色や食感がよくなります。

現代農業二〇一六年三月号

一年中、いつでも使える ヨモギの冷凍保存法

一年分のヨモギを 洗濯機で脱水、冷凍保存

静岡県静岡市●鈴木貞子

「みる芽」一年分をストック

私は農協系列の直売所五カ所に毎日、白もち、赤飯、大福、ヨモギ大福を出しています。草もちもよくつくります。

ヨモギは冬を除き、見かけることができますが、やはり春一番の「みる芽」が一番。色も香りもよいのです。この時期に一年分をストックするわけです。

私は近所のおばあちゃんたちに頼んで、三月半ばから一番茶の摘採がはじまる四月二十五日まで、ヨモギを集めてもらいます。合計すると、毎年二七〇kgほどを即金で買い取ります。一kg四〇〇円ですが、二日で一万円稼いでしまう八三歳のおばあちゃんもいます。

水にさらさずに、ジャブジャブ洗う

買い取ったヨモギはすぐにゆでて、やわらかくなったら冷水にとります。昔の人は長い時間水に浸してアクを抜いていたようですが、それだと緑色の葉緑素まで抜けてしまいそうです。それに、私は次から次へとたくさんの量をゆでるので、水にさらすとなると、バケツがたくさん必要になりますし、場所もとります。だから、私は四回ぐらい水をかえてジャブジャブと水洗いするだけです。

ゆでて、水洗いしたヨモギ4～5kgをタマネギのネットに入れ、洗濯機で脱水する。20秒ほどですっかり水分が抜ける

洗濯機で脱水してから冷凍

洗い終わったら、水切りをして、冷凍しますが、その前に洗濯機です。以前は、水を含んだまま冷凍したほうが品質が保たれると思っていましたので、解凍してからギュッと手で水を絞っていました。しかし、これだとストッカーに入れるとかさばってしまいます。

洗濯機で脱水するようになってからは、冷凍スペースが半分ですむようにな

りましたし、その分、節電にもなります。それに、朝の二時に起きて、九時までの間に五店舗分の加工品をつくる私にとって、手で絞る手間と時間が省けるのは大助かりです。もちの品質にも変わりはありませんでした。

私は歯ごたえのあるもちが好きです。蒸かす前のもち米もしっかり水切りしますし、もちをついている最中ももちつき機に備え付けの扇風機をまわして、冷ましながらついています。手水も一回もしません。

このようにしてつくった水分の少ないコシのあるもちがお客さんにも喜ばれますので、ヨモギの水分もしっかり絞りたいと私は考えています。

解凍したヨモギはそのまま使えます。あえて包丁で刻まなくても、ついている最中にこなれます。わずかな繊維は、むしろあったほうが私は好きです。

現代農業二〇〇八年五月号

※鈴木貞子さんは、二〇一三年に死去されました。（編集部）

ミキサーでトロトロにしてから冷凍

岩手県遠野市●佐々木ナカ

この方法なら、ゆでたヨモギをいちいち計らなくても、等分ずつとっておけます。冷凍庫の中でも場所をとらずに、美しく並べられます。

また使うときも、平べったいので解凍が早いです。私はもちやまんじゅうなど、いろいろなものをつくって自分なりに楽しんでおります。また、私は食の匠をしておりますので、小学校の子どもたちとおやつづくりもしました。たまには、知り合いの結婚式などでたくさんの加工品をつくってくれと頼まれることもあります。そんなとき、この冷凍ヨモギを使うと、とても役立ちます。

現代農業二〇〇八年五月号

冷凍ヨモギのつくり方

1. 摘み取ったヨモギを重曹を入れた熱湯でゆでる
2. 6～7時間、水に浸けてアク抜き
3. 水切りして、トロリとするまでミキサーにかける
4. バットに流し込み、表面を平らにして、冷凍庫に入れる
5. 半分くらい凍ったら、切れ目をつけて、引き続き冷凍
6. がっちり凍ってから取り出し、ひっくり返す。バラバラ崩れるので、ひとつずつ小袋に入れて、冷凍

ヨモギ栽培
加工にも役立つ

石川県能登町●山口みどりの里保存会・花畑壽一（JA内浦町）

もちに使うヨモギが足りない

平成十八年八月に農産物直売所「おくのといち」がオープンしました。石川県でも能登半島の先端に位置する奥能登・能登町にあります。

この直売所ができるまでは、集落のグループで月三回、「八」のつく日に夕市を開き、地元農産物のほかに梅干し・漬物・もちなどの加工品を販売していました。なかでも人気があったのがもちです。そこで直売所開設にあたっては加工場を併設した直売所とし、毎日、つきたてのもちを販売することにしました。

これにともなって使う量がどんどん増えたのがヨモギです。加工部の皆さんは、ヨモギの確保にたいへん苦労されていました。平成十九年は「農地・水・環境保全向上対策」で、ここ山口地区では集落の休耕田の活用法を検討しているところでした（対象面積・約二〇ha）。単に草刈りするだけでなく、少しでも地域に役立つ活用法を模索していたときだったので、景観形成作物としてコスモス・ケイトウのほかにヨモギもつくろうということになったのです。

その後、昨年の『現代農業』ヨモギ・スギナ特集（二〇〇八年五月号）で、ヨモギにはもちのほかにもいろいろな用途があることを知り、いっそうやる気が高まりました。

ヨモギの雑草対策を兼ねてもち米を栽培

一年目、ヨモギを植える作業には集落内の四〇人ほどが参加しました。まずトラクタで耕耘、ウネ立て。土手から苗にするヨモギを摘んでくる人とそれを植える人とに分かれて作業を進めました。

一見、強そうに見えるヨモギですが、休耕田には雑草のタネが多かったようです。人力での除草作業にたいへん苦労しました。植えたばかりでもあり、この年は収穫もあまりありませんでした。

その後、雑草対策には、休耕田を一度、復田してイネをつくったらどうかというアイデアが出て、平成二十年はみんなで

（小倉隆人撮影）

休耕田5aで栽培したヨモギを採取

もち米を一〇aほど栽培しました。このあとに今年ヨモギを植える予定です。

ヨモギで地域が一つになった

一方、平成十九年に植えたヨモギ五aからは、昨年は四回採取。全量をもち加工部に使ってもらっています。もちに使うには、どの時期のヨモギがいいかなど研究を進めていく予定です。また収穫が軌道にのってくれれば、ヨモギを乾燥して粉にして、直売所で米粉とセットで販売したり、身体によい薬草ですので、入浴剤として健康に役立ててもらうようにしたいとも考えています。

昨年十二月の収穫祭では、集落全員（子どもも含む）が参加して自分たちでつくったもち米とヨモギでもちをつき、収穫の喜びをかみしめました。ヨモギやもち米の栽培で地域が一つになった実感があります。これだけでも取り組んだ意義があったと思います。

現代農業二〇〇九年四月号

日本のもち！風土を生かした穀物文化

本間伸夫（新潟県立女子短大名誉教授）

もち加工の歴史・文化

もちの起源は古く長い歴史を有している。そのなかで多様化するとともに、その性格があやふやになっている場合がある。基本的には、吸水させた糯米粒を蒸し、それを臼と杵でついて、米組織を破壊するとともに粘性を生じさせた食品と定義されるが、原料については糯あわのように糯種穀類の使用まで、また装置についてはつくために臼杵に準ずる働きをするものの使用まで、範囲を広げることが許される。

しかし、現実には、糯種穀類が僅少あるいはゼロであるもの、いもを加えたもの、つく工程がないものまで「…もち」として存在している。ここで取り上げるもちは、前記の範囲をさらに広げて、何らかの穀物が原料として加わり、必ずつく工程が入っているものとする。これは、もちの名前を有するだんごと区別するためである。

▼照葉樹林文化との関連

もちの歴史を遡ると、照葉樹林文化に突き当たる。この言葉の中にある照葉樹林は常緑性カシ類を主体とする温帯性の森林であって、東アジアに独特なものとして、ヒマラヤ南麓からインドシナ半島北部、中国西南部と江南、朝鮮半島南部を経て日本の西部に至るまで帯状に分布している。この照葉樹林地帯には多数の民族が住み、それらの民族の生活文化には数多くの共通点が存在していることから、照葉樹林文化と名付けられた（中尾、一九六六）。

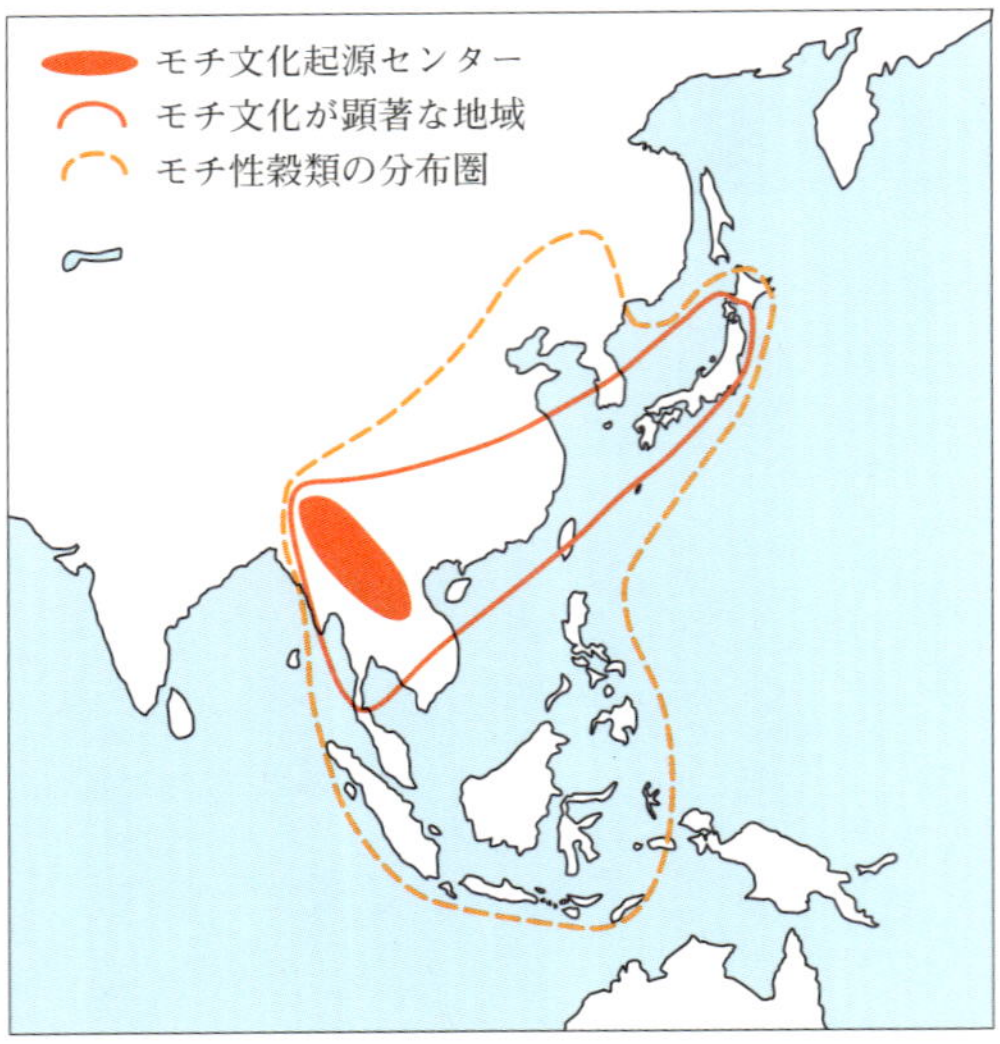

図１　モチ文化起源センターとモチ文化の分布

（阪本、1993）

表1　かきもち、凍みもち、干しもちをつくる時期とその割合（%）

（『日本の食生活全集』から本間、1998）

寒中	1月正月暮	2月正月暮	旧正月暮	小正月前	雛祭り	早春	累計
50.0	18.5	8.2	16.3	3.8	2.7	0.5	100.0

特に、食に着目すると、共通するものとして、水さらしによる木の実や根茎のアク抜きと澱粉の採取、茶の飲用、カビ酒、醤《ひしお》や納豆のように発酵大豆、なれずしなどの加工、カンキツ類の果実、しそ、さといも、やまいもなどの食用、各種穀物の糯種の開発ともちの儀礼的使用などである。日本の生活文化はこの照葉樹林文化に著しく影響を受けていることは、今日の食生活で、実際に確認できるとおりである。

図1に示すように、糯米あるいは糯種穀類を蒸してついてつくるもちは、ミャンマーの山地から東方に分布し日本にまで及んでいる。日本における〝もちの文化〟は縄文時代晩期、イネの伝来に伴って始まったものと考えられる。

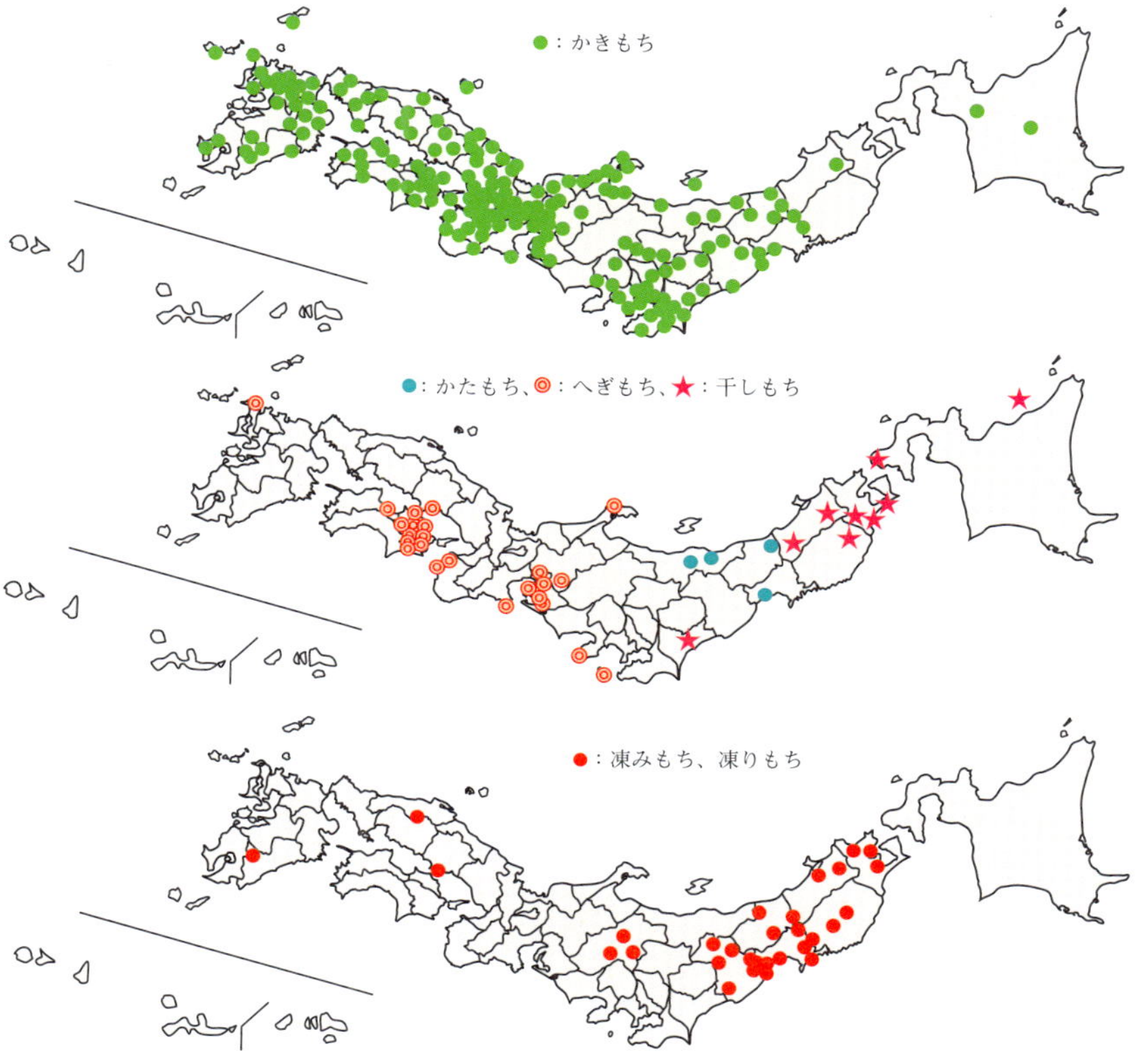

図2　乾燥もちづくりとその呼び方の分布

（『日本の食生活全集』から本間、1998）

▼ハレの食べ物、粘性への嗜好

日本においてもちは、正月の鏡もちや雑煮、あるいは雛祭りの菱もちにみられるように、ハレの食べ物として、ことのほか重要なものである。

さらに、糯米あるいは他の糯種雑穀に各種の材料を混ぜてつくる混ぜもちは、日常の食生活においてしばしばつくられてきた。たとえば、そのままではまずくて食べられないものでも、糯種穀類をつなぎとして、もちあるいはもち類似の食品とすることにより、おいしく食べられるようになる。このため、糯米が「命の綱」とさえ呼ばれる場合がある（『日本の食生活全集』島根）。これは、つくことで生じるもちの粘性を日本人が強く嗜好するためと考えられる。コシヒカリに認められる粘り嗜好ともち嗜好は同列のものである（本間、一九九五）。

伝統的なもち加工の特色

各地の風土の中で、特色あるもちづくりが伝統的に行なわれてきたが、その共通する特徴を、主に、『日本の食生活全集』

（農文協編、一九八四〜一九九三）を参考にして整理すると次のとおりである。全体として、置かれた風土の条件に適応しているところが最大の特色である。

▼自然条件に素直であって逆らわない

もちをつくる時期として夏はほとんどなく、季節限定、冬が普通である。特に、かきもち、干しもちなど保存性が求められるもののすべてが、冬至から立春の間の寒冷期につくられているといってよい（表1）。この時期は空気中の微生物が少なく、清潔を保ちやすいためである。また、寒中の低温を積極的に利用して凍みもちをつくる地域もある（図2）。

▼地域性がある

これは、風土が表現されていると言い換えることができる。それぞれの風土で生産された食材が用いられており、他地域産のものまで使うことは少ない。たとえば、図3に示すように、「いももち」の場合、北海道ではじゃがいも、西南地方ではさつまいもというように、それぞれの地域での産物が使用されている。

▼自然素材や脇役的材料を生かしている

よもぎ、オヤマボクチなどの山野草、くず米、あわ、ひえ、きび、そばなどの雑穀の利用がその例である。これらは、本来、糯米に対する増量材的な意味であったものが、現在では、もちの外観や風味などに変化をもたらして、多様化に役立つことになる。

図3　いももちづくりといもの種類の分布

（『日本の食生活全集』から本間、1998）

▼地域の生活文化と結びついている

白もちはハレの日に、粉もちはケの日にというハレとケの日の使い分け、日本を大きく東西に分ける雑煮もちの角形、丸形の分布、桃の節句における菱もちの形の意味、九州で〝ふーちばーむち〟、沖縄県で〝ふつもち〟、全国で〝草もち〟と〝よもぎもち〟という草もちの呼称の地域性などがその典型例である。もちの場合では、ハレの日の食べ物よりも、ケの日の食べ物に多様性があり、意外性が期待できる。

もち加工の目のつけどころ

糯米をついてつくる本来のもち、白もちはバリエーションの可能性が低い。しかし、あわもちのように穀類の種類を変化させることにより、また豆もちのように〝混ぜもち〟にすることにより、あるいはかきもちのように保存性を高めることによって多様化の可能性が生まれてくる。飽食の現代では、本来のもちよりも、かえって、その周辺あるいは脇役の中に魅力的なヒントが存在しているのではないかと思われる。

商品化にあたってのポイントは前述の「伝統的なもち加工の特色」を応用することである。また、留意点としては、米

表2　雑穀もちにおける雑穀と米との組合わせの割合（％）

（『日本の食生活全集』から本間、1998）

雑穀	雑穀粒単独	雑穀粒＋糯米粒	雑穀粒＋粳米粒	雑穀粉単独	雑穀粉＋米粒	雑穀粉＋米粉	計
きび	16.9	62.0	0	0	18.3	2.8	100.0
あわ	17.6	82.4	0	0	0	0	100.0

菓や包装もちなどとしてすでに商品化しているものと、どのように差別化を図るかが最も重要である。

そのためには、特に糯米以外の多種類の副原料を季節ごとに準備することと、それに伴うきめ細かい工夫を積み重ねていくことが必要となってくる。そのためには、多種類、少量、季節生産が好ましいと考えられる。

▼季節性を考慮する

もちづくりが、正月の準備から雛祭りまでに集中し、季節食品であったことは、清酒に類似している。衛生的な製造が技術的に可能な現代においても、寒づくりや〝寒九《かんく》の水〟の利用はイメージづくりに有効であろう。また、草もちの新よもぎや笹もちの新笹のように、季節をうたうことができる。

▼糯米以外の澱粉質材料の使い分けと積極的な利用

ハレの日には白い糯米または糯種雑穀のみであるのに対して、ケの日には粳米、雑穀、くず米、いも、木の実など混ぜ物で増量することが多い。

もちは、ただ捏ねるだけのだんご類よりも、つくことにより組織が破壊されてきめ細かくなり、粘りが出てうまくなるとともに、消化も良くなる。粳米主体のうるちもちの粘りを出すために二度つきやつき返しが行なわれている。逆に、粒の粳種を入れてつくことにより、堅い組織を不均一に残して「ぶつぶつ」した変わった食感を生じさせることも行なわれている。また、いも類や雑穀を入れることにより、テクスチャーが軽く、歯切れが良くなることから、高齢者向きを指向することも可能となる。表2に示すように、あわでは粒のみが、きびでは粉も使用されており、おのおのの特性を生かしながら利用されていることも参考になる。

あわを入れることで鮮やかな黄色に、きびで赤系統の色に、トチの実入りでは独特の褐色が生ずるので、次の副材料とともに、天然の色材としてもちの色付けに利用できる。

また、独特な香りが高いトチの実のほかに、特有の香気をもつもろこしのような雑穀も、もちの香付けに応用できる。

▼副材料の重要性

もちに大きな変化を与えるのが副材料である。たとえば、草もちとして最もよく使われるものがよもぎであり、色、香味、テクスチャーへの影響が大きい。よもぎのほかに、図4に示すように、オヤマボクチ（別名：やまごぼう、ウラジロとも呼ばれるがシダ植物のものとは異なる）、ハハコグサ（別名：オギョウ）、クサソテツ（別名：コゴミ）、ヤマブドウなどが使われているが、ほかの山野草や緑茶などにも可能性が十分にある。また、オヤマボクチと同じキク科に属する栽培ごぼうの若葉も身近なものとして利用されている。これら植物性副材料には食物繊維やミネラルの供給という意味もある。また、黒砂糖が伝統的に多用されており、甘味にプラスしてチョコレート

もちの副材料。左からウラジロ（オヤマボクチ）、野ブキ、ゲイブク（ギボウシ）（千葉 寛撮影）

色の供給源となっている。

大豆やごまは、特に、かきもちに広く用いられている。油脂の多いものがもちとマッチするので、落花生など他のナッツ類も可能性が高い。

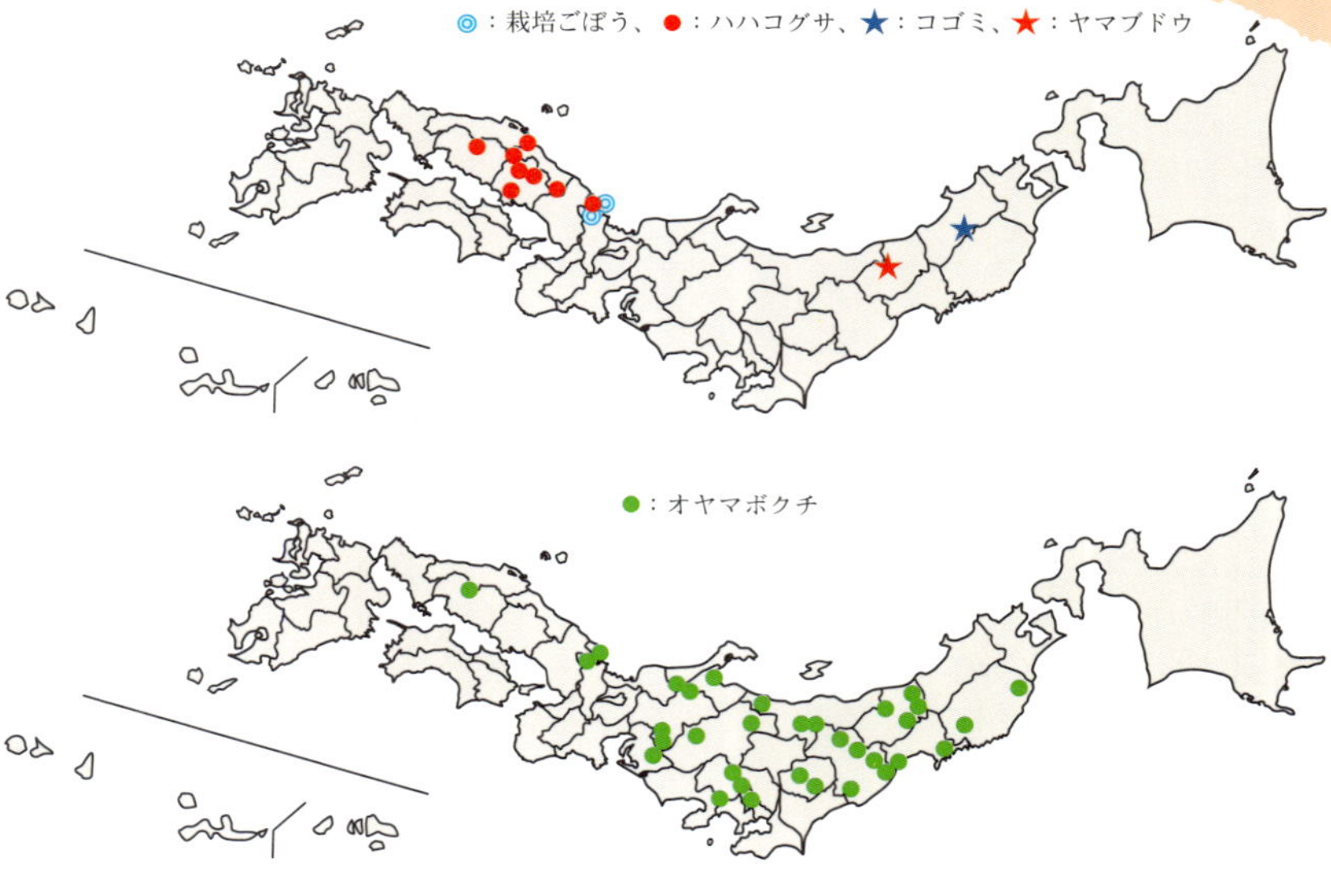

図４　草もちに入れるよもぎ以外の植物葉の種類の分布

（『日本の食生活全集』から本間、1998）

▼保存性と簡便性への工夫

年間を通して簡単に食用にできるようにするため、もちのもつ変質しやすい欠点を克服し、食べやすくする工夫が必要である。かきもち、あられ、凍みもちなどがその具体例である。これらのうち、凍みもちは直接食べることも可能であるうえ、湯をかけることで軟化するので、かゆやめん類への利用も考えられる。かきもちやあられは素材として提供するのか、加熱処理して直接食べられる形にするのかは、いろいろと考慮しながら判断する必要がある。

▼地域の特性や食文化を前面に

その地域のみに特定されるものは他地域では模倣できない。それには、その地域の風土に基づく特産食材を原料とするもの、および地域伝承の食文化に基づくものでなくてはならない。

たとえば、図2、3に示すように、凍みもちは東日本に、さつまいももちは西日本に分布密度が高い。これは風土の条件や食材生産の実際と一致する。草もちやもち草の呼び方では、地域によってかなりの偏りがあることが認められるが、これは言葉の問題であるので、文化の違いによるものと考えられる。

また、狭い地域でのみ分布が認められるケースも少なくない。かきもちの呼称として〝かたもち〟が新潟と東北地方南部に、粉もちの名前では〝てんこもち〟が広島・島根に、草もちにハハコグサを用いるのが主に中国地方に限定されることなどがその例である。

このように、地域の風土や食文化の中で生まれた食材と技術などでもって、もち製品をつくり、地域特定の呼び方を参考にして商品名やニックネームをつけることは、他との差別化に不可欠なことである。また、地域を前面に出す場合には、どこにでも通用するようなありふれたものでなく、その地方をクローズアップできる内容であることが求められる。

食品加工総覧　第4巻　もち

引用文献

本間伸夫　一九九五『コシヒカリ』（作物学会・北陸育種談話会編）三九―四五　農文協
中尾佐助　一九六六『栽培植物と農耕の起源』五九―七五　岩波書店
農文協編　一九八四―一九九三『日本の食生活全集』農文協
阪本寧男　一九九三「雑穀とモチの民族植物学」『日本食文化の起源』（佐々木高明・森島啓子編著）一九九―二七七　講談社

第2章

これはお勧め！

干しもち
凍みもち
もち菓子
だんご

電子レンジでふっくらあられ（64ページ）

かきもち（62ページ）

かきもち
サトイモ、生卵、砂糖でふっくら

群馬県邑楽町●橋本恵美子

「ふっくらかきもち」。上のかきもちをオーブンで焼くと下のようにふくらむ

二倍以上に大きくふくらむ

邑楽《おうら》町あいあいセンターでは、あっと驚く「ふっくらかきもち」をつくっています。かきもちはどこの地域にもある郷土食だと思いますが、私たちのかきもちはふっくらサクサクしているのが自慢です。オーブンで焼くと、乾燥させて小さくなっていたもちが、なんと二倍以上に大きくふくらんでサクサクの食感になるのです。その色と見た目から「フランスパン⁉」と言われたこともあります。こんなかきもちはあいあいセンターだけだと思います。

　きっかけは、直売所が始まって三年目くらいから、正月用のもちの注文に合わせてかきもちの注文がお客様から来るようになったことでした。

　つくり方はグループの先輩（故人）から教わりました。私たちの地域にも、のりを入れたかきもちが昔からありましたが、先輩がのりもちに工夫を加え、ふっくらサクサクのかきもちをつくっていたのです。あいあいセンターではその技を引き継ぎ、販売しています。

ヒミツは材料を入れる順番

　その工夫とは、もちに生卵と砂糖、すりおろしたサトイモを加えることです。これだけでもちがよりふっくらし、冷めてもやわらかさが長持ちします。砂糖を入れると、サクサクになります。

　ポイントは、材料を入れる順序です。もちつき機でもち米をつき始めたら、乾燥した材料から順に入れ、卵、すりおろしたサトイモの順で加えます。サトイモを早く入れたりすると、見た目は変わりませんが、石みたいにかたくなってしまいます。

　また、つき終わったらナマコ状に形を整えますが、この状態で乾燥させすぎてしまうと表面だけがかたくなり、包丁も入らなくなってしまいます。その後、ナマコもちを薄く切って乾燥させますが、このときも乾燥しすぎるとヒビが入りボロボロになってしまうので、天日や風に直接当てないで乾燥させます。十一月から二月までの空っ風の吹く季節に室内でつくるとよいものができます。

オーブンで焼くからヘルシーでサクサク

昔、家でかきもちをつくるときは、オーブンなどなかったので、ぬるめの油で揚げてから仕上げに熱い油で揚げていました。でも油で揚げるとカロリーが高くなり、油が酸化して日持ちしなくなるので、あいあいセンターではオーブンで焼いています。サクサクとした食感がなんともいえないおいしさです。

十一月から三月限定でナマコもちでも売る

あいあいセンターでは、このふっくらかきもちを三種類売っています。

▼ナマコもち

ナマコの形の生のもの。家庭で乾燥させたり、切って焼いたりしたいお客様用です。油で揚げると二倍以上にふくらむのはもちろん、コクが出て、格別な味わいです。切ったものに比べて割安で、大きさによって四五〇円から八〇〇円くらいのものが売れ筋です。

▼薄く切って乾燥させたもち

ナマコもちを切って乾燥させたもの。一袋一五〇g入り三〇〇円です。

▼乾燥させて焼いたもち

一袋八〇g入り二五〇円で販売しています。

なお、お客様の好みはいろいろなので、今回紹介した砂糖の入った「ふっくらかきもち」のほかに、昔ながらの「塩のりもち」もつくっています。

どちらも青のりを入れており防腐剤や添加物も使っていないので、ナマコもちは三月までの販売としています。乾燥させたものと焼いたものは年間を通して販売しています。

近年は「家庭ではつくらなくなったけれども食べたい」というお客様が増えているようで、おかげさまでナマコもちは四カ月で一二〇〇本、切って乾燥させたもちは一〇〇袋くらい、焼いたもちは年間で八〇〇袋くらい売れています。

現代農業二〇一二年一月号

かきもちのつくり方

材料（4人分）

もち米　3.8kg／砂糖　250g／塩　90g／青のり　100g／ゴマ　100g／卵　1個／すりおろしたサトイモ　50g

つくり方

1. もち米をもちつき機でつき始めたら、乾燥した材料から順に入れ、最後に卵、すりおろしたサトイモの順で加える
2. つき終わったらすぐに取り出し、5等分してナマコ状に形を整える
3. 表面が乾燥しすぎないように新聞紙や布で覆いをして、室内に2～3日置く
4. 2～3日したら3～5㎜の厚さに切り、室内の日陰に1週間ほど置いて乾燥させる（途中で裏表を返す）
5. 乾燥が終わったら、湿気ないように缶などに入れて保存する

あられ
電子レンジでふっくらと

徳島県阿波市●坂東静江

ばあちゃんの「はぜ」

子どもの頃、私の祖母は、農作業のない雨や雪の日に「はぜ」と呼ばれていたあられを空き缶いっぱいにつくって、私が学校から帰るのを待っていてくれました。豆炒りという道具を使って、七輪の火で気長に炒ったもので、心のこもったお菓子でした。現在のようにコンビニなどなく、お菓子の種類も少ない時代に「ばあちゃんのはぜ」は、私にはとても楽しみなごちそうでした。

平成十九年、JAが直売所「土柱《どちゅう》の里」を開設し、加工品として何を売ろうかと考えたとき、いちばんに思い出したのが、この祖母のあられでした。

あられ。紫色は紫イモで、赤と緑と黄色は色粉を使っている。1袋120 g 350 円。年明け、ショッピングモールの中の物産展にあられを出品したところ、2人掛りで2 日で300 袋くらい売れた

電子レンジで炒る

祖母がしていたように豆炒りで少量ずつ炒るのが本来ですが、それではあまりにも時間がかかりすぎて売りものになりません。そこで、再度思い出したのが、電子レンジを使うことでした。私の母がレンジで炒っていたのです。あられの量にもよりますが、一分から一分半加熱すればうまくいきます。さらに友人に、もっとふっくら仕上げるには重曹を加えるといいことを教えてもらい、試行錯誤を重ね、私のあられは完成しました。

味付けいろいろ 油で揚げないから安心

土柱の里には現在六名があられを出しています。電子レンジで炒るのはみんな同じだと思いますが、味付けはそれぞれで、ごまやショウガ、ユズ、海苔などを使っていて、それぞれにお客様がついており、よく売れています。

お客様からは「素朴な味でなつかしい」とか「油で揚げてないから小さな子どもに与えても安心」など、うれしい感想をいただいています。私はそのたびに、祖母の七輪に向かう丸い背中を思い出し、感謝しながらあられつくりに精を出しています。

現代農業二〇一二年三月号
現代農業二〇一四年三月号

レンジに入れる前のあられを持つ坂東さん。JAの直売所「土柱の里」の役員。もちで売る分と合わせて年間40 俵ほどのもち米を加工に使う

電子レンジを使ったあられのつくり方

❶ 切って干したもち。つくり方は、もち米を蒸してもちつき機で10分ほどつく。いったん止めて、色をつける材料と砂糖、重曹、塩を入れ、また10分ほどつく。もちの厚さが4〜5㎝になるように、もち箱に流し込む。少し乾いてきたら、もち切り器で小さく切り、風が入らない部屋で1カ月ほど干す

❷ 電子レンジで1分半加熱する。載せすぎるとくっついて焦げるのでこのくらいが適当

❸ こんなにふくらんだ。端のほうのふくらみが悪いものだけ、もう一度30秒加熱する

❹ それでもふくらみの悪いものは端だけ切り、粒あられで売る

❺ レンジ3台を使い、毎日10〜12袋つくる。「売れ残らないし、賞味期限も1カ月と長いし、ほんと効率のいい加工品よ」。このほかにまんじゅうも売る

柏もち

伸ばし板で手早く

愛知県新城市●城所志ま子

私たちの直売所「の－まんばざーる荷《に》互《こ》奈《な》」は、会員五〇名足らずの小さな直売所です。「しきさい」という加工場も併設されているので、何か変わったことでもしようということから、昔食べておいしかった「小麦粉の柏もち」をつくることになりました。

前年にホオ葉を取り、冷凍保存

まず材料集めにかかります。その年の四月から始めようとすると、ホオ葉はまだ芽を吹き出したばかりで間に合いません。前の年の五月中旬、葉がきれいなうちに取り、蒸して冷凍しておきます。小豆あんはできるだけ地元の小豆を利用し、足りない分は小麦粉といっしょに購入します。

「型」のおかげで二時間に二〇〇個つくれる

いちばん手間がかかるのが皮つくりです。私は「型」があればラクかなと思い、主人に頼んで、板を丸くくりぬき、くりぬいた板に取っ手を付けてもらいました。この型を使えば、丸めた生地を簡単に伸ばすことができます。一日平均二〇〇個くらいつくるので、これがあるとないのとではスピードが大違いです。四時間近くかかっていたのが、二時間ですむようになりました。

柏もちつくりのグループは一五名ほど。週二回土日に交替でつくり、四月から六月末まで続きます。

城所さんの柏もちのつくり方

材料（約40個分）

小麦粉　1kg／砂糖　100g／塩　10g／ベーキングパウダー　20g／熱湯　650cc／小豆あん　35g／ホオ葉　約40枚

もちを簡単に伸ばすために考案した板

つくり方

1. ボウルに小麦粉、砂糖、塩、ベーキングパウダーと熱湯を入れて練る
2. 40gの大きさに丸める
3. 型に入れ、板で押して伸ばす
4. 中央に小豆あんを入れ、半分に折る
5. ホオ葉で包み、蒸し器に入れ、20分蒸したらできあがり

型と板にビニールをかぶせて使う

この仕事をする間は本当に忙しいけれど、みんなでつくることが楽しみに変わりますので、がんばっています。

現代農業二〇一三年一月号

桜もち
甘納豆でかんたんに

福岡県香春町●末時千賀子

赤飯を俵形に丸め、塩漬けしておいた桜の葉で巻くだけ。これで立派な桜もち。甘納豆が入っているので、あんこはいらない

田舎で育った私はおやつも母の手づくりでした。柏もち、おはぎ、石垣まんじゅう、イモきんとん、クリきんとんなど、材料のないなかでもいろいろと工夫してくれたのだと思います。

その後、私も結婚して、おやつを手づくりするようになりました。あるとき、北海道で赤飯に甘納豆を入れる地域があると知り、さっそく真似てみました。なんとおいしかったことか。それからというもの甘納豆は常時買い置きするようになりました。

私はお客を招くときも招かれるときも、手づくりのお土産を渡します。桜の季節には今回紹介する桜もち。甘納豆を使うので簡単でとても便利、あんこもいりません。

おやつつくりに難しい決まりごとはありません。家庭で食べるおやつくらい手づくりしたいものです。

現代農業二〇一六年四月号

末時さんの桜もちのつくり方

材料（約24～25個分）

もち米　3合／食紅　適量／小豆甘納豆　200～250g／桜の葉（塩漬け）　24～25枚／桜の花（塩漬け）　24～25個

つくり方

1. もち米を洗って、1時間以上水に浸け、水気をきって鍋に入れ、水（2.5カップ）を加える
2. 水に溶かした食紅を少量①に入れ、好みの桜色にする
3. 小豆甘納豆を②に入れ、もち米を炊く
4. 甘納豆が崩れないように軽く混ぜ、俵形に丸め、桜の葉を巻き、桜の花を飾りつける

もち米を炊くときに、食紅と小豆の甘納豆を入れて赤飯に（写真はすべて戸倉江里撮影）

※甘納豆を半分残しておいて、もち米を丸めるときに混ぜてもいい（そのほうが甘納豆が崩れない）

黄金餅

油揚げで包んで

宮城県登米市●千葉かず子さん

千葉かず子さんの「黄金餅」は、五個入り三八〇円のパックが平日で一日二〇パックほど売れるという。それは一見すると、稲荷寿司。しかし食べてみると、まさかのおもちで、しかもその組み合わせが絶妙にウマい、というビックリもちだ。

この組み合わせ、以前、味付けした油揚げの中にそばが入ったものを食べておいしかったことから千葉さんが考えた。黄金餅のネーミングも千葉さん。

「最初は『稲荷餅』という名前だったんだけど、お稲荷りさんの色から『黄金餅』にしたの。食べたらお金持ちになれるかもしれないでしょ⁉」

遊び心あふれる千葉さんだ。

うまさの秘訣は、道の駅内のもち工房で杵つきのもちつき機を使ってつくからでもある。杵つきならではのコシのあるつきたてもちを炊飯器に入れておき、商品がなくなりしだいつくり足すので、つくりたてが食べられるのだ。売れ筋の「黄金餅」のほかに、あんこもち、くるみもち、エダマメあんを絡めたずんだもち、味付けしたニラを絡めたニラもちなどもつくっている。

千葉さんのもちが売られている道の駅「みなみかた」には、このほかパンや惣菜のつくりたてが食べられる工房もあり、全国から視察が来るとのこと。

現代農業二〇一三年一月号

黄金餅。味付けした油揚げの中に白もちを入れた。5個入り380円

黄金餅を持つ千葉かず子さん

あられ里芋入り

愛媛県東予市●飯尾トシミ

飯尾さんのあられのつくり方

現代農業1985年11月号

焼き凍みもち

岩手県一関市●千葉美恵子

完成したショウガもち

昔のおやつは素晴らしい

私の幼少の頃のおやつは、自家産の小麦粉でつくった蒸しパン、ベタ焼き（小麦粉に砂糖とふくらし粉を加えて、練って油で焼いたもの）、蒸かしイモなど、手づくりがほとんどでした。野山の木の実はもちろん、庭のカキ、モモ、ナシ（小さなナシ）、グミなどは、近所の子どもも群がって、食べ尽くしたものです。

たまに自転車でやってくるパン屋さんには、菓子パンとうちの米を交換してもらっていました。また、チリンチリンと鐘を鳴らして売りにくるアイスキャンディーを親にねだりにねだって口にする、それはそれは至福の時だったのです。

しかし、時代と共におやつ事情は様変わりして、手づくりよりもスナック類が主となりました。

凍《し》みもちとの再会

一〇年ほど前にちょっと立ち寄った直売所で凍みもちを見つけて、懐かしさに惹かれて買ってきました。昔のおやつのひとつでした。当時は味をつけない凍みもちだったけど、それは薄い甘みと塩味で、ピーナッツやクルミなどが加えられ、よりおいしく食べられるようにできていました。凍みもちを口にすると、なぜか懐かしく、昔のことが思い浮かんできます。そして心温まる感じがするのです。

こんな気持ちにさせてくれる凍みもちを私もぜひつくってみたくなりました。母につくり方を聞いたけど、凍みもちは祖母がつくっていたために詳しいことを知らなかったのです。地域の年配の方たちにも聞いてまわりましたが、人によってそれぞれ。もちを切って紐で編んだら、水に浸して、凍らせて干しあげる……、ただそれだけなのに、なかなか勘所がつかめません。聞き真似でつくってみても、サクサクとした凍みもちができません。「昔のような冷え込みがなくなったから難しいだろう」とお年寄りはいうのですが……。

うん、うまい！ 焼き凍みもち

その後、道の駅のニンニク栽培研修で

筆者

青森に行った時、立ち寄った直売所でたくさんの凍みもちが並んでいたので、数人の生産者のものを買い込みました。レジ係の人に、自分もつくってみたいから参考に買ったことを伝え、この中でつくり方を教えてくれる人はいないかと尋ねたところ、「たくさん買っていただいたから」と、レシピ集を分けてくれたのです。

次に立ち寄った直売所では、焼いた凍みもちがありました。私の地域では焼いて食べる習慣がなかったので、珍しいと思い、それも買ってきたのです。

家に帰って、家族で大試食会。それぞれ見た目も味も違いました。「これはサクサクだね」「これはちょっと固いね」……、そして、最後に焼き凍みもちを口にすると、「うん、うまい」と顔を見合わせました。これはいける。何個でも食べられる。まるでおせんべいのよう。いや、それ以上。

農作業が一段落したら、教わりに行こうと思いました。

訪ねて教わった、焼き凍みもちづくり

その年の夏、今度は産直部会の研修で、遠野（岩手県内陸部）の道の駅に行き、そこでも焼いた凍みもちを見つけて、買ってきました。やはり香ばしくてサクサク、とてもおいしかったのです。青森に行こうと思っていたけど、遠野のほうが近いからと、さっそく電話で生産者の方に連絡しました。突然の、見ず知らずの私の願いを快く引き受けてくださり、数日後、うかがうことになりました。

じつはその二年前から、どんなものかとそっと凍みもちを道の駅に並べていました。あまりいいできでもないのに、ほどほどの人気。本気で取り組む価値ありと、決断したばかりの時期でもあり、気を入れて教わりに行きました。

ちょっとしたことでも企業秘密といって教えてくれない人が多い中、遠野の方はとても親切に一部始終を教えてくれました。心の広い方とひと時を過ごせて、とても幸せでした。おいとまする時、「お互いがんばっていいものをつくろうね」と声をかけていただき、とてもうれしく感じると共に、私もこの方のようになれたらと思ったのです。

「冷え込み」がないと、うまくいかない

これでおいしい凍みもちをつくれると意気込んだけど、なかなか思い通りにはいきません。固かったり、カビたりと四分の一ほどを捨てる結果でした。つくった日によって偏りがあるのです。なぜなのかわかりませんが、良し悪しがわかるのは、製造日より一カ月〜一カ月半後。

おそらく気象が関係していると思い、次の年は製造日、天候をこまめに記録してみました。そこでわかったことは、製造日から数日の気象が大きく関わっていること。要はいかに低温が必要かということでした。やはり青森や遠野より、わが家は暖かいので、凍みもちのできがよくなかったのです。これはどうすることもできない。冷凍庫の利用も限度があり、自然の冷えにはかなわないことを思

い知らされたのです。以前、近所のお年寄りがいったことは本当のようです。
　でも、私の凍みもちを待っているお客さんがある限り、ここであきらめることはできません。

暖冬を克服したい！

　私のつくる凍みもちは、最初の頃は、カラフルにしたいと思い、古代米やミカン、黒豆、梅ジソなどを混ぜ込んでいました。ただ、干しているうちに色が褪せたり、黒豆は干すにしたがい豆が脱落して穴空きのもちになってしまうので、今は黒ゴマと砂糖、塩で味付けして、焼いたのと焼かないのと二通り販売しています。

　これまで凍みもちを食べたことのなかった娘は、「こんなボソボソしたものが売れることが信じられない」と言いますが、私が最初に感じたように、懐かしさ、郷愁をそそるのではないでしょうか。

　親戚に送りたいと、まとまった注文をいただいたり、東京のおじさんの見舞いに、懐かしいだろうからと紐で編んだままのを買ってくださったり……、そのお客さんから「おじがとても喜んでくれた」と知らされた時は、さらによいものをつくらなければと励みになりました。

　暖冬、温暖化とよく耳にする今日、その暖かい冬をいかに克服して青森や遠野の方々の凍みもちに近づけるか――。自分なりに工夫して、捨てる分をなくすために、まだまだ改良しなければなりません。それができてこそ、つくり方を教えてくださった方々への恩返しになると思うのです。

現代農業二〇一一年三月号

凍みもちづくりのちょっとひと工夫

障子紙でゴミよけ
中には紐で編んだもちがある。障子紙はちょうどいい大きさに切る。もちがすっぽり隠れるように、折ったり、ホッチキスで留める

扇風機で早く乾かす
カビや傷みが減り、捨てる分が少なくなった

軒先で凍みもちを干している風景。この場所で五、六分まで乾いたら、倉庫の中に移して吊るす。除湿機をかけて、素早く乾かす

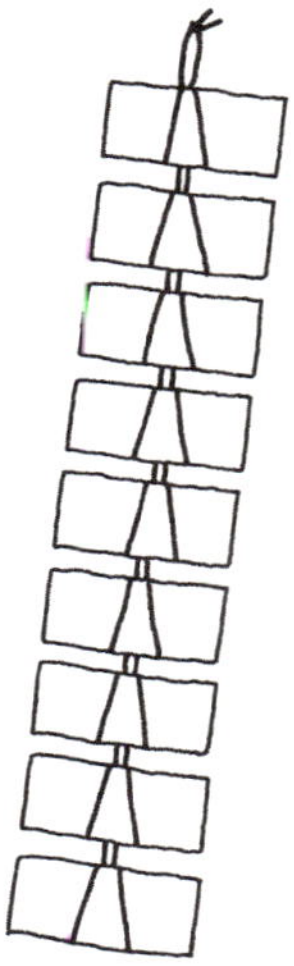

私の凍みもちは、もちを切って、紐で編んで、数時間水に浸して、冷凍庫で凍らせて、1カ月半ほど干して乾かす

干しもち サクサク食感

秋田県仙北市● 藤井千恵子

▼水に浸したもちを凍らせて乾燥させる

昔はどこの家庭でも保存食としてつくられていた干しもち（凍みもち）。田んぼに山に出かけるときのおやつとして食べていたものですが、今ではつくる人が少なくなりました。手間がかかる、面倒だということでしょうか。味も、今ではお菓子代わりに食べるように工夫されているように思います。

サクサクとした食感の干しもちをつくるには、凍ったまま乾かすことです。

冬の厳しい寒さのとき、二〇個ずつ編んだもちを二～三時間水の中に浸し、戸外の竿（足場パイプで組んだもの）に一晩吊るして凍らせます。凍った干しもちを雪の中にシートなどで包んで三～四日そのままにしておきます。その後、作業場の竿のほうに移動し、一カ月から二カ月間乾燥させます（この間、スズメやカラスが「おいしそうなものがあるぞ」と寄ってきます。窓やシャッターにはネットを張り、鳥が入らないようにしておきます）。

▼乾燥は面倒でも自然の風がいちばん

乾燥させているあいだ強風の日は窓を閉めます。風の少ない日は窓を全開にすることをくり返します。窓の開閉が面倒で、扇風機で干したことがありますが、もちの色や、もちの肌が悪くなり、私が思っているもちになりませんでした。自然の風がやっぱりいちばんいいようですネ。乾燥すると、もちが一割くらい小さくなるため、もう一度編み直します。ストーブのある部屋に移動し、完全に乾燥させ、袋に入れ、完成です。

▼三六〇kgの米を干しもちに

干しもち用に三六〇kgくらいのもち米を農家からゆずっていただいています。仕上がった干しもちは直売所やスーパーで一連（二〇個）を五〇〇円で販売しています。おみやげに買っていただいた観光客の方から食べ方を教えてほしいと、遠くは九州、大阪、横浜、北海道からお電話をいただいたことがあります。食べ方はお好みで、そのままでも、オーブンなどで焼いても、きつね色になるまで油で揚げてもおいしくいただけます。これからも満足のいく干しもちをつくるよう努力しようと思っています。

現代農業二〇一三年一月号

干しもちのつくり方

材料

もち米　1升／白砂糖　300g／水3合／塩　少々／紫イモ、ゴマ、紅ショウガ、コーヒー、ハゼの実、トウガラシなど少々

つくり方

1. もち米を洗い、一晩水に浸す。水切りをして蒸す
2. 十分に蒸した米をもちつき機でつく
3. つき上がったもちに分量の水、砂糖、塩、具材を入れ、よくかき混ぜる（ドロドロになる）
4. 型枠に2～3日入れて休ませておく
5. 包丁が立てられる程度になったら切って10個ずつ編む
6. これを水に浸して、竿にかけて乾燥させる。1～2カ月ででき上がる

凍りもち
恵まれた寒さでサクサクに

長野県大町市●小西一子

「岳おろし」がつくる おいしい凍りもち

「凍《こお》りもち」をつくるには冬の寒さが重要です。

西に二〇〇〇m級の山々がそびえる北アルプスの麓、立山黒部アルペンルートの玄関口にあるのがここ大町市。四季の変化に富んだ空気のおいしいところですが、アルプスの「岳おろし」、マイナス一〇～二〇℃にもなる厳寒期の気候のおかげで、おいしい手づくり凍りもちが生まれます。

以前、この一帯は米作地帯でした。いままでは減反で、果樹や野菜などが多く生産されています。平成七年、当時、ブームとなっていた農産物直売所がここにも開設されました。そして、低迷する米の需要を自分たちの手で打開しようと、翌年に「凍り餅部会」が結成されます。会員は男性五人を含む二九人。冬季間以外は、全員がそれぞれの農業に専念しています。

食べ方もいろいろ

凍りもちはそのまま食べることもできますが、焼いたり、低めの温度の油でゆっくり揚げて、砂糖醤油を絡めてもおいしくいただけます。また、水に五分ほど浸して水分を切れば、ふつうのおもちに戻して食べられます。離乳食や病人食にも最適ですし、登山食や非常食としても重宝します。

水から上げたときの気温は マイナス三℃以下に

それでは、この凍りもちづくりを紹介しましょう。

まず、つくる時期は一～二月。真冬の寒の時期でないと凍りもちはできません。作業の手順は、①もち米を蒸す、②おもちをつく、③枠の中へもちをのばす、④切って和紙に包んで編む、⑤水の中へ三～四日浸す、⑥寒い夕方に、風通しの良い場所へ吊す。このまま二カ月くらい自然乾燥することで仕上がります。

おいしい凍りもちをつくるコツは、水から上げたときの気温がマイナス三℃以下であること。それに、乾燥しているあいだに適度の寒暖が繰り返されることで良品に仕上がります。サクサクッという

アルプスの「岳おろし」にさらしてつくる「凍りもち」（赤松富仁撮影）

凍りもちのつくり方

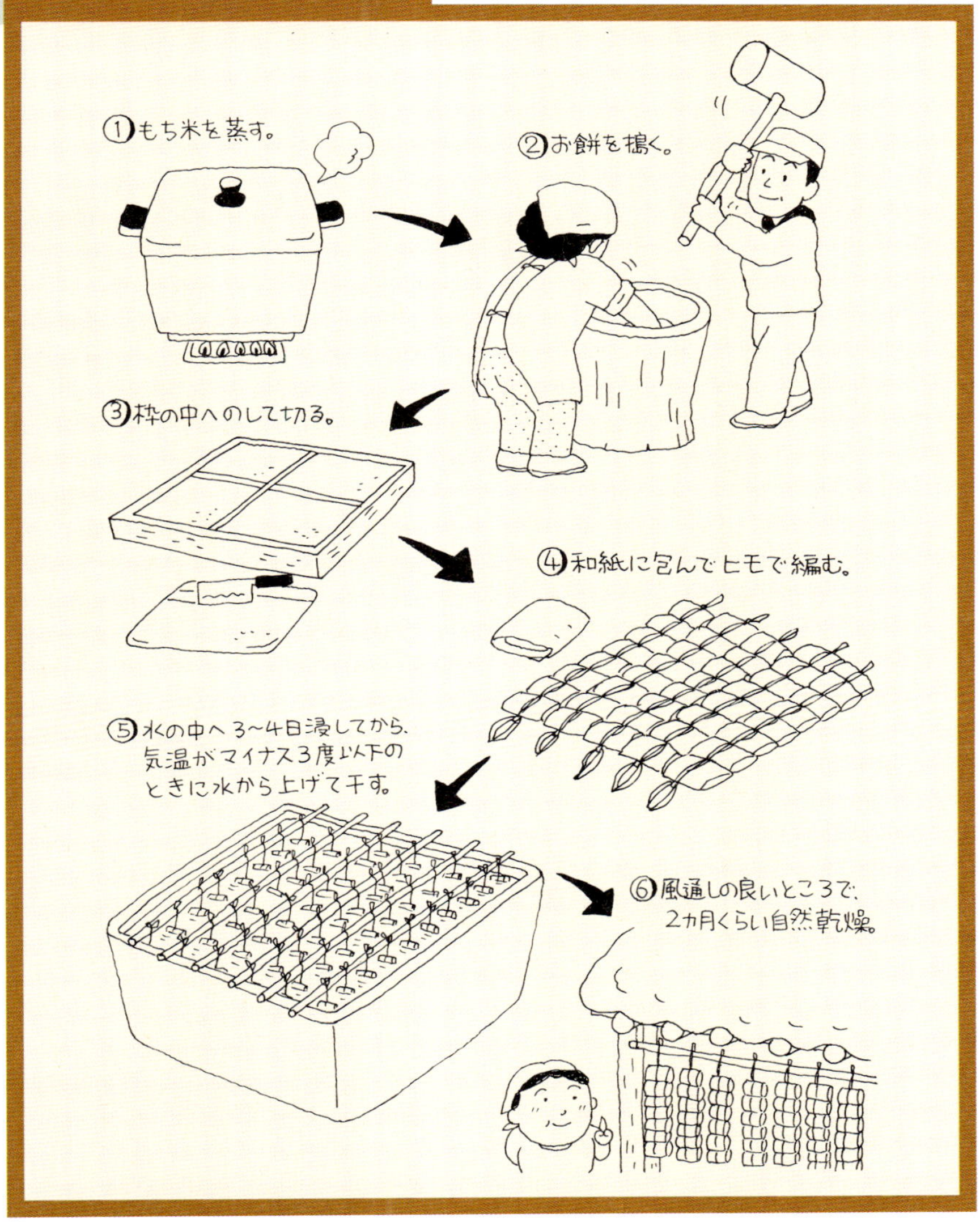

凍りもちの食感は、恵まれた当地の気候条件に負うところが大きいのだろうと思います。また、もち米が地域に合った品種に統一されていること、いっしょに作業する仲間のコミュニケーションがうまくとれていることも、良いものができることにつながっているのではないでしょうか。

加工するもち米は二tを超えた

私たちが凍りもちをつくり始めて六年になりました。天候に左右される作業ゆえ、夜七時のNHKの天気予報を聞くや全員に連絡をとったり、夜中に気温が上がってきて眠っていられず見回りに出かけることもあります。それでも、初年度はヒモで編んだもちが三〇〇連（一連一〇個、一個三・五cm×七cm角）だったのが、今年度は五〇〇連以上にまで増えました。もち米の量にすると二tを超えています。この素晴らしい地域の食文化を、大町市の特産としながら守っていきたいと思っています。

直売所の隣に作業棟も完成

昨年の秋には、会員で借り入れをして、直売所の隣に作業棟を建てました。そこがなかなか使い勝手が良く、今では、何か用事があるときに気兼ねなく集まれる場所となっています。それぞれ一品持ち寄れば、皆家族も同然。わが家が二つある感じです。

冬のあいだの共同の加工販売を長く続けるには、みんなで楽しみながらやること、そして「小遣い稼ぎ」をするのに欲を出しすぎないことも大事じゃないかと思います。

現代農業二〇〇一年十一月号

かゆっこもち
クズ米も生かして

岩手県西和賀町（旧沢内村）●高橋光子

うるち米ともち米を混ぜてつくる

「かゆっこもち」は沢内村の伝統食です。私の母がよくつくっていましたし、母も祖母から習ったと言っていました。

うるち米ともち米を混ぜて、寒さに当てて凍らせてつくるもちで、昔は、凍ってしまった残りご飯なども入れてつくりました。当時の家は寒く、ご飯も凍ったりしたのです。冬は隙間から吹雪が吹き込んだりしました。だから、かゆっこもちをつくるのには適していたと思います。

うまく凍れば成功

かゆっこもちをつくるときは、うまく凍ればまず成功です。凍らないと捨てるしかありません。いったん凍らせてからでないと、干したときに歯がたたないほど硬くなってしまうからです。

よく凍ってできればサクサクして誰でも食べられます。野良仕事のおやつによく食べたものです。軽いので、山登りをするときに持っていくのにもいいとか。昔はマタギ（狩人）の人たちが持っていったとも伝えられています。しっかり乾燥して保存をよくすれば二年ももちますから、常備食にもピッタリ。そのままでも食べられますが、食べるときに油で揚げるとかオーブンで焼くとかするとなおおいしいです。ビールのつまみとか、お茶うけにもなります。子どものおやつにもたまに出してやると喜ばれます。

クズ米でつくるときは色と味を濃く

昔は、米は貴重なものでした。米だけでご飯を炊くのは朝だけで、夜は「かて飯」といって、雑穀とか野菜（イモやダイコン）を入れたご飯でした。そんな時代、かゆっこもちをつくるのに使う米は当然、クズ米だったと思います。

私がいまふだんつくるかゆっこもちは、村の物産館で販売するのに、雪国の沢内村をイメージできるよう真っ白なもちにしたいのでクズ米は使いません。でも、工夫しだいではクズ米も利用できます。

クズ米でつくるには、まず、ふるいにかけること。そして、クズ米だとどうしても味が落ちやすいのでおいしくするにはもち米の割合を増やしたほうがいいでしょう。それに、でき上がったもちの表面には、カメムシの斑点米や茶米などのために黒ぼしや茶色ぼしができます。これを目立たなくするためにゴマやカボチャ、コーヒー、ヨモギなどを入れたり、醤油味にしたりして、色と味を濃いめに

ワラで編んだら、そのままお使い物にできそう

するといいと思います。

いろいろな具材を入れたり醤油味にしたりしてつくると、色もカラフルできれいです。それをワラで編んだり、箱に詰めたりすれば、お使い物にもできるような楽しい商品になるでしょう。

かゆっこもちのつくり方

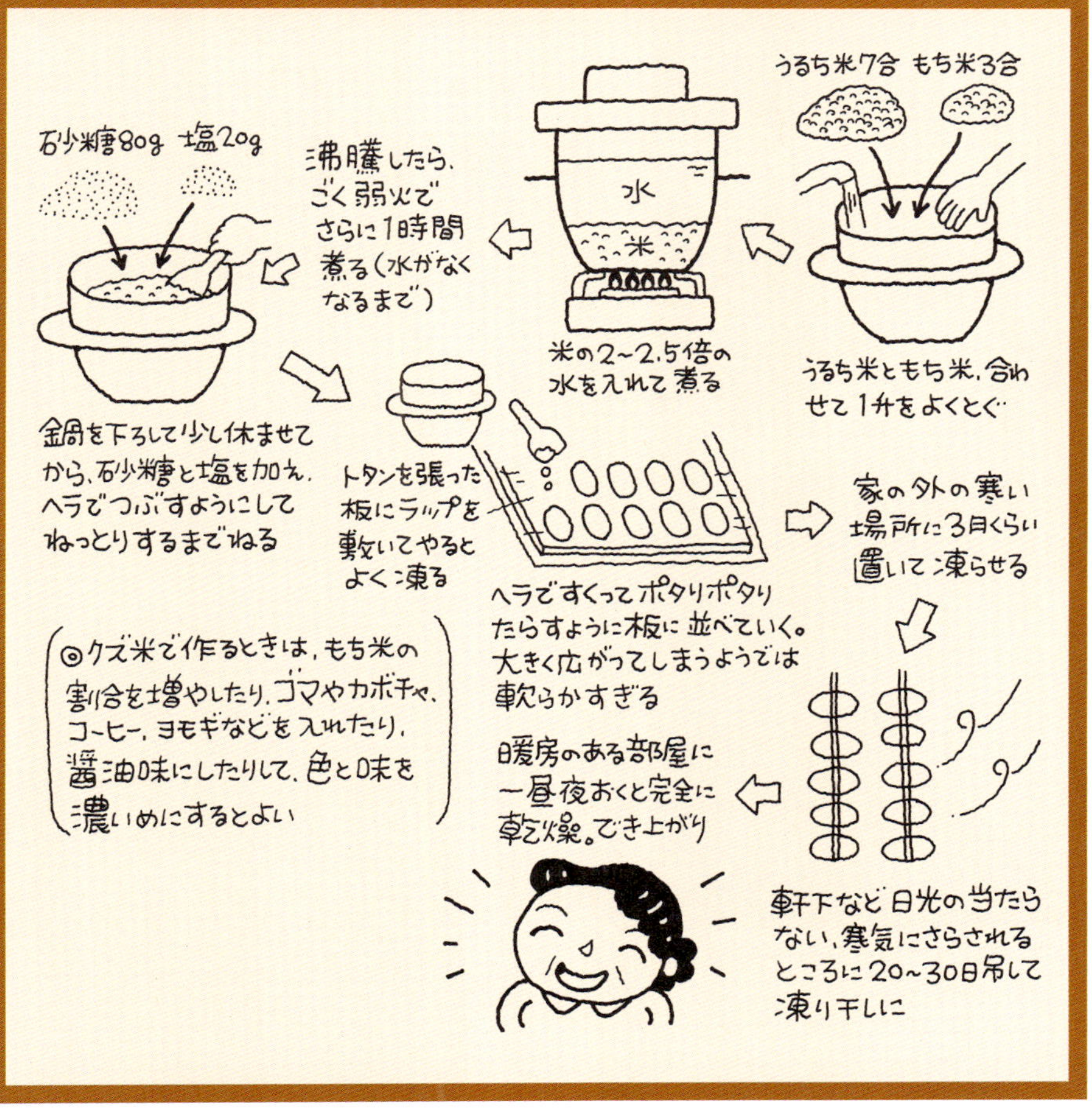

トタンを張った板に並べるとよく凍る

つくり方しだいでいろいろなおいしいかゆっこもちができるので、今年穫れたお米にクズ米が多く出たようなときは、試していただけると嬉しいです。特別な機械は何もなくてもたくさんつくれます。鍋とヘラがあれば、誰でもすぐやれます。

かゆっこもちを屋外において寒さに当てるときは、家を新築したときに出るような端材を使うといいでしょう。トタンが張ってあるような外壁の残ったものにラップを敷いて並べるとよく凍ります。

また、板に並べたとき、きれいに仕上がるよう形を整えることがコツでしょうか。とにかく一番は凍らせること、寒い場所に吊して干すこと。日光が当たると凍っていたのが溶けて落ちたりするので、日の当たらない軒下などに吊すといいと思います。ただ、土が見えているときにつくるときれいに仕上がらないようなので、雪の降る地方に適しているかもしれません。

でき上がったかゆっこもちは、二重にしたビニール袋に入れて保存します。なるべく太陽の当たらない温度の低い場所におくと、二年くらいたってもそのままです。

雪国の方はぜひお試しください。

現代農業二〇〇三年十二月号

果報だんご
冷めても固くならない

岩手県一関市●千葉美恵子

手前が従来のあんこの果報だんご。郷土食であり、旧暦11月24日に弘法大師を祀って食べる習わし。萩の小枝が入っただんごに当たれば、幸せ（果報）が訪れるといわれている。直売所で販売する場合は異物だと思われないように、萩の小枝は入れていない。あんこたっぷりなのが好評。奥はアレンジした納豆版

アイガモ除草大成功

わが家にカモがやってきた。家族の健康と、自分のアレルギー改善にと、平成元年より一部の田んぼで有機栽培を続けてきたのですが、私の腰痛以来、一連の除草作業に対応しきれなくなってきました。今年は面積を減らすか、やめるかの選択に迫られて、ぎりぎり決断したのは、春作業が始動した四月末。わが家の有機米を期待してくださるお客さんのためにも、もう少し続けたいとの思いが強く、除草をカモに託すことにしたのです。

アイガモでの除草を実践している岩手県盛岡市の岩崎善隆さん、軽米町の古里斉さんにご指導と細かなアドバイスをいただき、おかげさまで大成功。見る者に愛くるしさを振る舞ったうえ、見事なまでの除草ぶりに、カモ様にざぶとん一〇枚あげたいくらい。

この有機と特別栽培の「こがねもち」「ひとめぼれ」で、だんご粉と果報だんごをつくるのです。

手元に小豆とだんご粉があったから

もともと果報だんごは私が一番先にはじめた加工品でした。ただ、加工の許可が出た二〇〇六年十月末時点では、だんごをつくる計画はありませんでした。冬の凍みもちづくりのために菓子製造の許可を申請したのですが、早くなにかつくりたい衝動で、手元にあっただんご粉と小豆から「そうだ、果報だんごをつくろう」と思いついたのです。思い立ったらじっとしていられません。すぐ実行。

自家産の小豆は小倉あんにして、だんごはいつも家でつくるように、だんご粉

果報だんごのつくり方

❶ 上新粉ともち粉を半々から2対1の割合で混ぜ、温水を加えてこねる

※冬は固くなりやすいので、もち米の割合を多く、水分も多く、もちつき機にかける時間を長くして、やわらかめに仕上げる。夏は温度が高くて固くなりにくいので、冬より固めに仕上げる

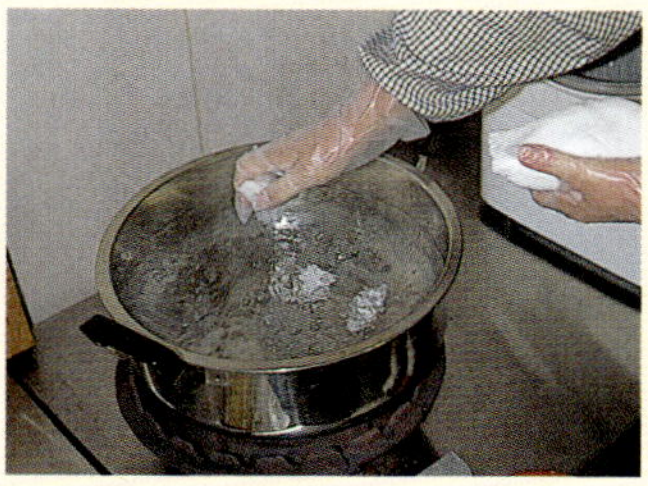

❷ まとまったら適当な大きさにちぎって、ゆでる。だんごが浮いてきて、2～3分したら、網で取り上げて、ボウルに移す

❸ 中が冷めるまで流水にさらす

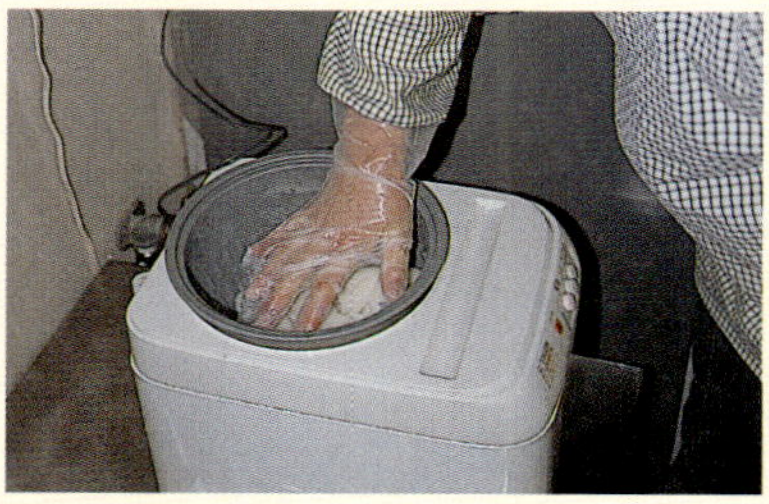

❹ もちつき機にかける。冷めただんごは固くなっており、機械の中で飛び跳ねてなかなかつけないので、だんごがひとまとまりになるまで手で押さえる

ハンドルをまわすとだんごが押し出される
だんごの生地を入れる
押し出されただんごを切る

❺ もち切り器にかけ、あんにからめる

※もち切り器はタイガー魔法瓶㈱の「まる餅くん」（122ページ参照）

を温湯でこねて、手で丸めてゆで上げて、あんにからめて容器に入れてでき上がり。

果報だんごづくりのコツ

▼水さらし・二度つき法を応用

果報だんごはイベントなどではよく振る舞われますが、直売所で並んでいるのは珍しいので、すぐに売れました。ただ、朝つくっただんごが夕方には固くなってしまう問題がありました。混じりけなしのもちやだんごが固くなりやすいことを知っておられるお客さんも増えてきてはいるようですが、「これではいけない、せめて夕方までやわらかさを保たせなければ」と、上新粉ともち粉の割合を変えてみたり、白玉粉を配合してみたりしたけど、うまくいきません。

そこで、ひらめいたのが以前『現代農業』（二〇〇二年十二月号）に載っていた冷めても固くならないもちの「水さらし・二度つき法」（冒頭写真ページ6と、94ページ参照）。さっそくゆで上げただんごを水で冷まして、もちつき機でついてみると、口当たりがよく、コシの強いだんごができ上がり、夕方までやわらかいのです。

▼一升用のもちつき機が安全

もちつき機は最初のうちは、三升用を使用していましたが、今は小型になりました。ゆでただんごを水で冷ますと固くなるので、そのままもちつき機にかけてもうまくつけません。もちつき機のフタをとり、上からだんごを手で押さえて手助けしなければならないのですが（79ページ写真④）、機械が大きいと羽根の回転が強くて、手が巻き込まれそうになって、手袋がちぎれたりしました。近所では指を巻き込まれて骨折した人もいます。

そこで安全に作業するために、一番力が弱くて小さいと思われる一升用のもちつき機を用意しました。土日など、つくる量が多いときは面倒でも、二回三回と使いまわしています。

▼丸もち切り器が便利

もちつき機にかけただんごを衛生上、あまり手をかけずに小さく切る方法も考えました。すぐ頭をよぎったのは、JAのもち用機器のチラシに載っていた丸もち切り器。JAに問い合わせると、八〇〇〇円ぐらいで取り寄せられるとのこと。うまく利用できなくても、あきらめられる金額と思い、すぐさま注文。これが予想を超えるすぐれもので、カッターがついていて、ハンドルのまわし加減で大小思い通りに丸く切ることができて、ひとり作業するうえで、とても便利なのです。

テニスと農作業が加工にも生きている

これら一連の問題解決に一週間とかかりませんでした。友人から「あんた、対応が早いね」と驚かれましたが、これは私の取り柄なのかもしれません。私は学生時代にテニスでインターハイに二度出場したことがあり、結婚してからも続けていました。テニスは瞬時の判断で勝敗が左右されるので、問題への対応の早さ、パッと考えパッと決めて行動する習慣は、テニスを通して鍛えられたと思っています。

また、より安全に早く作業するために工夫することも、兼業農家でほとんどひとり作業だったので、自然と身についたのでないかと思うのです。

これまでの人生で自然と鍛えられてきたことが、集大成して加工に役立っていると、最近思うようになりました。

近所のおばあちゃんたちから小豆を購入

当地はもち、だんごの食文化が多く、道の駅のレストランも「ペッタンくん」という名の通り、もちを主としています。私の果報だんごも、特にあんこがおいしいと、お客さんに受け入れていただき一安心。

でも、あんの原料になる小豆が、自家産だけでは足りないのは目に見えています。収穫したばかりの小豆を持っている近所の人にお願いしたら、快く分けてもらえました。これまでは製あん所や鯛焼き屋さんに小豆を売っていたとのこと。おばあちゃんたちが畑を荒らしたくない思いで栽培している小豆を安く分けていただいては申し訳ないと思い、よそより高いお代を支払ったら、「高く買ってくれる」という噂が広まりました。一〇人ぐらいの人が分けてくれることになり、一年間使用する量が用意できたのです。

自家産と地場産の原料にこだわりたいという当初の願いはかない、「材料は一関産」とアピールできて大助かり。かくして果報だんごは私の加工品の代表作となったのです。

うるちだんご
米粉でなく蒸し米だから きめ細かな生地に

千葉県柏市●杉野幸子

筆者のつくる串だんご。1本100～110円で直売所で販売

最初は お裾分けの草だんごから

私が菓子製造の営業許可を保健所から取得したのは平成十二年でした。「道の駅しょうなん」の農産物直売所とともに歩み、いつのまにか一〇年がたったという感じです。

わが家はナシと米（コシヒカリ）が経営の柱。ですから、農産物加工を始めようと思い立ったとき、当然、ナシと米を有効利用しようと考えました。しかし、ナシの収穫時期は収穫と販売に忙しく、加工する余裕はありません。ならば米だ！ でも、お弁当は毎日出品するのを期待されるし、これもきついなあ……ということで、米を使ったお菓子「だんご」に決めました。

以前から、わが家では春になると草だんごをついていました。家族だけでなく、近所や親戚にお裾分けしては喜ばれていたので、これを商品化しようと真っ先に思い立ちました。

一年で白米一t分を だんごにする

最初は手で丸めた直径五cmの草だんごでしたが、この一〇年間でひとくちだんご、そして串だんごへと形態を変えてきました。時期も春だけの限定販売からスタートしましたが、今ではナシの作業で忙しい時期（六～九月）を除く八カ月間出品しています。

三kgの白米からは串だんご約一〇〇本ができます。最近は、一日に白米にして平日三kg、週末六kgをだんごにしています。一年間、八カ月で約一tの米をだんごにしているのですね。改めてびっくりです。

粉にしないで 蒸し米からつくるだんご

わが家のだんごはうるち米を粉にせず、蒸した米からつくる「性学《せいがく》もち（別名、つきぬきもち）」です。

性学もちは江戸時代末期の農民指導者大原幽学《ゆうがく》が千葉県東部、現在の旭市を中心に広めたとされています（『聞き書 ふるさとの家庭料理　第五巻』農文協刊）。

お米を粉にせず、そのまま使いますので保管がラクですし、製粉する手間もいらないので、片づけが下手な私には都合よく思います。昔からの技術ですから、特別な設備がなくても誰でもできます（といっても、たくさんつくるために機械を導入していますが……）。

球団器（3,000円程度）。練り出した棒状のもちを、窪みと垂直になるように並べて押し切る

二度蒸かし・三度通しがコツ

私の作業内容と一日の流れは次ページの通りです。

性学もちは「二度蒸かし」して十分な水分を含んだ米をもちにするのですが、でき上がりの善し悪しは、もちつき（もち練り機に入れる）直前の水分の飛ばし具合で決まるということがわかってきました。飛ばし加減が足りないとツブツブが残ってしまうし、飛ばし過ぎると冷めたら硬くなってしまいます。

その「いいかげん」はやはり経験から得られる感覚を身につけるしかないのですが、冬なら二〜三分間、春はもう数分長めにします。また、きめ細かなだんご生地にするために、もち練り機に三度通すのもコツです。

ちなみに、草だんごをつくるときは、もち練り機に一度通したあと、水分をしぼったヨモギをばらばらに均等に散らして、さらに二回もち練り機を通します。

「手早く」「きれいに」を簡単な機械で

生地の仕上がりは落下式の杵つき型もちつき機（クランク式もちつき機）が一番早く質もよいのですが、機械が高価で置き場所も選びます。わが家はひねり出し型の卓上もち練り機を使いますが、三kgの米でも三分でもちになります。

成形をいかに早く、きれいにするかも問題です。加工を始めたばかりのときは、手でちぎって丸めてもちにしていました。しかし、手切りでは形が揃いませんし時間もかかります。

そこで探し当てたのが「だんご切り（球団器）」です。農文協の『食品加工総覧』にて発見！　写真で見る限り、木製の簡単な道具でしたが、手よりは形が揃いそうです。簡単な図を手にして東京の河童橋（厨房用品の専門店がならぶ商店街）へ行き、ようやく手に入れたときはヤッターという感じでした。もち練り機を使うと棒状のもちに仕上がるので「だんご切り」を使うのにとても便利です。

「だんご切り」を使っての商品づくりは五〜六年だったでしょうか。ひとくち

うるちだんご（性学もち）のつくり方と1日の流れ

1. 前日の夜、米を3kgといで水に浸ける。餡（あん）とみたらしを煮る
2. 5時半に起床し、蒸し器を点火しておく
3. 準備ができたら一晩浸けた米の水を切り、蒸し布に包んで約20分間蒸す
4. 蒸し上がった米を布に包んだまま、水にさらしながら米粒をほぐす
5. 水をよく切り、約20分蒸す
6. 蒸し上がった米を桶に広げ、しゃもじでかき混ぜて表面の水分を飛ばす
7. もち練り機に米を3回通す
8. 串団子製造機に生地を通して串だんごをつくる。餡やみたらしのタレをつけ、2本ずつフードパックに入れて、8時半頃にでき上がり
9. 朝食をとる
10. 直売所に出荷
11. 農作業へ

卓上もち練り機（丸七製作所 当時十数万円で購入）

最近購入した串団子製造機（数十万円）。成形から串に刺すまでを自動でやってくれるので、便利

サイズのだんごにして、餡やきな粉を添えて販売していました。

直売所の定番商品となったと確信して設備投資したのが、現在使っている串団子製造機です。成形から串に刺すまでを自動でやってくれますので、串だんごがラクにつくれます。

だんごの名店といえば串だんご、それも餡とみたらしがセットというのが相場ですから。

ひと味違うだんご生地が人気！

直売所では白生地にみたらしのタレをつけただんごを一本一〇〇円、草もちに餡をのせたものを一一〇円で販売しています。他のお店で売っているだんごよりも高めの価格ですが、手づくりの餡と、上新粉からつくっただんごとは一味違うきめ細かなだんご生地の食感が、支持されていると思います。

一時期、草だんごにきな粉、白だんごにきな粉やごまだれをかけて五種類の串だんごをつくっていましたが、作業能率が悪く定番の二種に戻ってしまいました。でもやはりだんごの種類は多いほうがいいかしら？

現代農業二〇一一年十二月号

少し焦げ目のついたもちに、甘めの味噌をつけていただく（小倉かよ撮影・調理）

なすっ娘もち

ご飯と米粉でつくる

栃木県那須町●田中和江

私たち「那須町農村生活研究グループ」は、地域のイベントへの参加協力や、農村女性の地位向上のための研修会などを実施しております。

このおもちは、町の恒例行事である「那須九尾まつり」が一二年前に初開催されたとき、私たちのグループで販売するために考案したものです。昔は、冷えたご飯に小麦粉と味噌を混ぜてだんごにし、熱湯でゆでた「ゆでもち」をおやつとして食べていました。また、農政でも米の消費拡大が盛んに叫ばれていたことから、「それじゃあ、小麦粉を米粉に替えてみよう！」と、ご飯と米粉でつくってみたところ、小麦粉よりも上品な仕上がりで、おいしい味になりました。以来、毎年九尾まつりで好評を得ております。甘味噌の味噌も、会員の手づくり味噌を使用。那須町の地名と米粉の色白娘のイメージを重ねて、「なすっ娘もち」と名付けました。

現代農業二〇一五年一月号

なすっ娘もちのつくり方

材料（20串分）

ご飯　5合／米粉（上新粉）　250g／熱湯　250cc／甘味噌（味噌　500g、砂糖　500g、みりん　少々）

つくり方

1. 味噌と砂糖、みりんを加えて煮詰め、甘味噌をつくる（長期間保存可能）
2. ご飯と米粉に、熱湯を少しずつ加えてよくこねる（軟らかくなりすぎないよう注意）
3. 1個100gくらいの小判形に丸めて、蒸し器で15分蒸す
4. 蒸したものに串を刺して、網で焼き目をつける
5. 甘味噌をつけて食べる

小判形に丸めて蒸す。冷えたご飯をおいしく食べる工夫のひとつ

第3章

さあ、もちつきだ！

固くならない、カビない…
もちつき上手の
スゴ技公開

「冷めても固くならないおもちのつき方」（94ページ）で紹介した方法でついたおもち

林さんちのお鏡もち。ワサビが少量混ぜ込んであるのでカビない

もちづくりプロのスゴ技

これだからおいしい!

石川県野々市町● ㈲林農産・林 浩陽さん　（編集部）

おいしいおもちをつくるテクニックを、もちづくりのプロ、㈲林農産の林浩《こう》陽《よう》さんに伝授していただきました。

林さんちのもちはコシの強い品種「かぐらもち」を使い、製造後、三時間以内に届けるのが人気です。また、殺虫・殺菌剤を一切使用せず、有機肥料でつくったコシヒカリを「林さんちの普通じゃないコシヒカリ」のネーミングで販売しています。

筆者。経営している㈲林農産では米や大豆の請負のほかに、もち加工も経営の柱となっており、年間2,500万円の売上げがある

もち米選び編

半透明のもち米がおいしい

冬になって、寒くなるとおいしい食べものがおもちです。焼いてよし、鍋に入れてよし、ところが知っていそうで意外に知らないのが、「おもち」です。

まず、「もち米」ですが、一般に売られているもち米は、白いですよね。でも、農家でイネ刈りをした段階では、一般のご飯にするお米と同じで、半透明です。これが、乾燥が進むと、あ〜ら不思議、真っ白な「もち米」ができ上がります。この白く変身することを、「はぜる」といいますが、語源や意味は不明です。昔から、林さんちでも、そう言っています。

しかし、じつは「はぜないもち米」のほうがおいしいと、林さんちでは考えています。そもそもなぜ「はぜる」必要があるのかというと、「うるち米」と区別するためです。なぜ区別しなければならないかといえば、残念ながら、もち米と称してうるち米を混ぜて高く売った歴史があるようなのです。まあ確信犯でないにしろ、作業機械や乾燥機でうるち米が混入することも、よくあることです。それらを防ぐ意味で、昔から、はぜて白いものがもち米と呼ばれてきました。

しかし、はぜたもち米は、必要以上に乾燥が進んでいて、どうしても歯ざわりが硬いと感じます。普通うるち米は、水分が一五％ほどになるように乾燥させますが、もち米をはぜさせるためには、一三・五％ほどか、二段乾燥といって、一度乾燥させたあと、さらにもう一度乾燥させる方法を取ります。

しかし林さんちでは、年内にほとんど使用してしまうので、検査を通るギリギリの水分値一五・五％を目標に乾燥させています。当然もち米は、はぜていないので半透明。最初の頃は、もち米を買うお客様や業者さんから「はぜていない」とクレームがありましたが、わけを話して信じてもらってからは、まったく問題なく使ってもらっています。まあ、精米すれば、そのうち徐々に白くなっていきます。

一般のお米屋さんで、はぜていないもち米を買うことは不可能ですが、縁故米等でいただいた場合、はぜていなかったら逆に貴重かもしれませんね。ただ、本当にうるち米の混入がないか不安な場合は、天日に干すと、はぜてきますので確かめることができます。

もちつきテクニック編

家庭でもちをおいしくつく方法

さて、もち米について知ったところで、家庭でもちつきをする方法をお教えしましょう。

▼もち米の浸漬……たっぷり二昼夜

まず、もち米は過乾燥している場合があるので、よく洗ってから（研ぐ必要はない）二昼夜たっぷりの水に浸けておきます。この時、分量を量ってナイロンメッシュの袋に入れてから浸けると、水から上げたり、お米をセイロに入れるにも

もち米をナイロンメッシュの袋に
入れて水に浸す
★持ち運びがラク、
水切りもラク

作業がラクです。浸けてあった桶を洗うのも簡単です。

途中二日目に水を替えます。この時、臼と杵を水に浸けておきます。

▼取り粉の準備……粉を炒る

さて、次はもちの取り粉を用意します。林さんちでは、片栗粉をフライパンで炒って、細かいメッシュでふるって使用しています。炒ることで粉の殺菌と乾燥、そして香ばしい香りが付き、もちがおいしくなります。

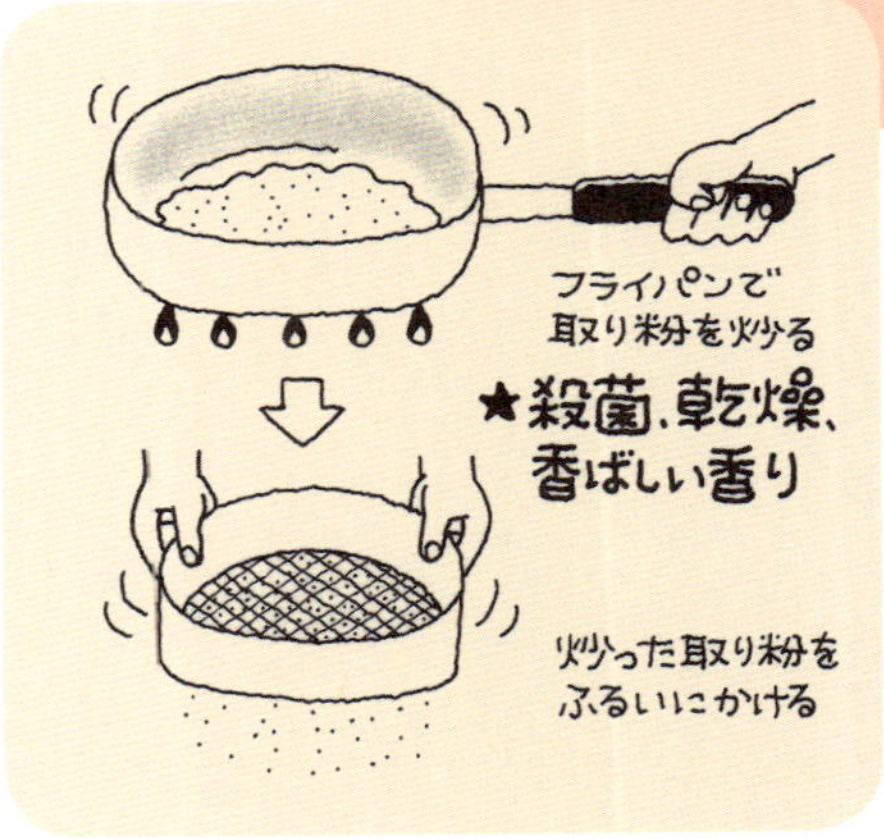

▼もちつき当日
米の水洗いと水切りで、もちをおいしく

まずは、セイロを載せるお釜でお湯を沸かすために火を点けます。

さらに、セイロを蒸す釜とは別に、臼と杵を温めるお湯をタップリ沸かしておきます。

水に浸けてあったもち米をザルに上げて水を切り、さらに綺麗な水でよく洗います。この「綺麗な水でよく洗う」ことが味を左右しますので、慎重に、できれば流量の多い水で洗ってください。

洗ったあとはよく水を切ります。ここから先は、もち米についた水分は邪魔な存在になりますので、とにかく水分を飛ばします。水分がついたままだと、もちのコシがなくなって、溶けるもちになってしまいますので、これが味にとって重要です。

その間に、臼にお湯を張って温め、杵も温めておきます。

▼米をセイロで蒸す
蒸気がもち米の中を抜けるように

お釜のお湯が沸騰したら、セイロを載せるために、直径一〇cmほどの穴のあいた板をお釜の上に置きますが、この板と釜の隙間、板の継ぎ目を手ぬぐい等でよくふさぎます。これをやらないと、隙間から蒸気が抜けてなかなか蒸せず、メッコで（芯が残って）もちつきが失敗する場合もありますので要注意です。

さて、いよいよセイロに網布を敷き、もち米を入れますが、このときなるべく真ん中を薄くして、蒸気が上のセイロに抜けるようにしてください。敷いた網布も、余った部分は、セイロの四隅にまとめておいて、もち米の上には掛けないようにします。とにかくもち米の中を、蒸気が抜けるように工夫します。

最後の段のセイロを載せて蓋をする場合も、蓋をわずかにずらし蒸気が抜ける

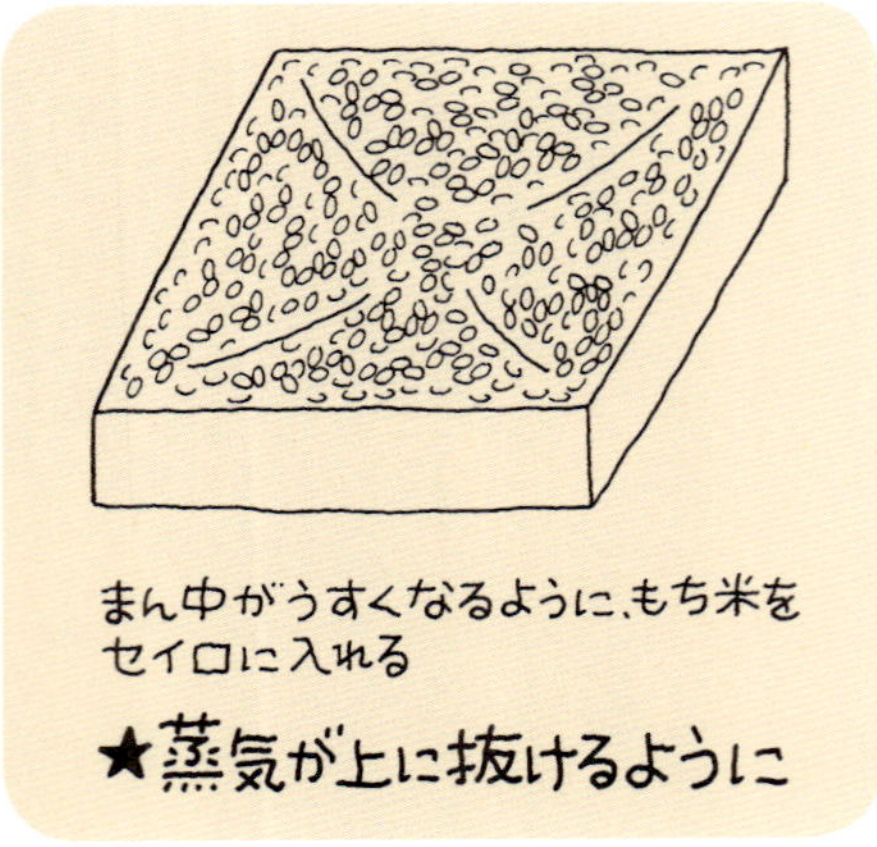

蓋をわずかにずらし、蒸す
★蒸気がうまく抜けるように

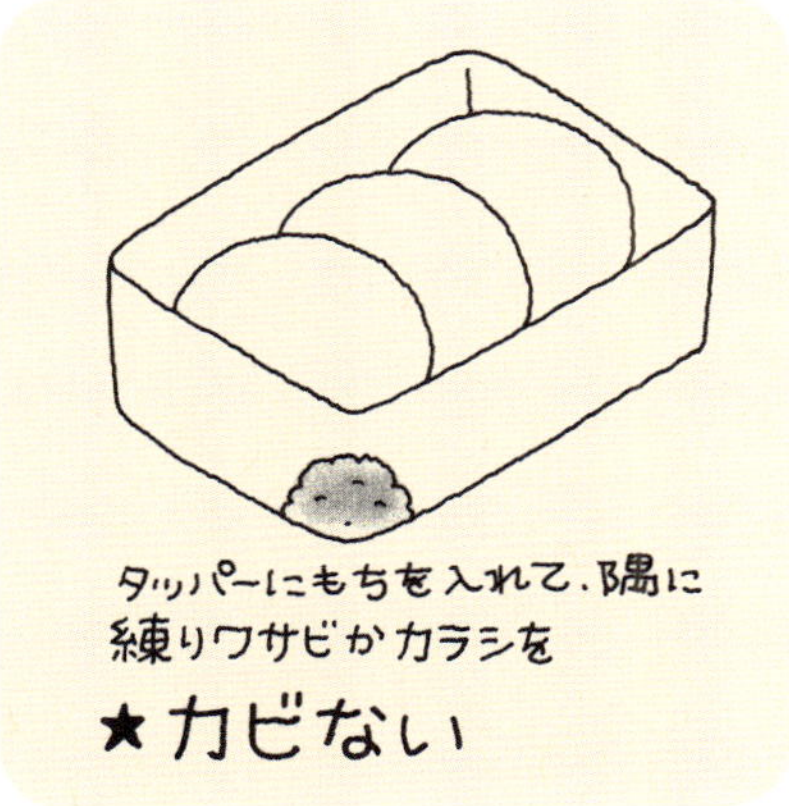
タッパーにもちを入れて、隅に
練りワサビかカラシを
★カビない

ようにしておいてください。もち米は、あまり強い蒸気で、上に抜けない状態で蒸すと、「炊いた状態」になります。林さんちでも、当初、中にご飯粒が残ったようなもちになったことがあり、蒸しが足りないのかとさらに蒸気を強くしたら、なおさらご飯粒状態になりました。細かく割れた胴割れ米を使ったときも蒸気の通りが詰まってしまい、やはり「炊いた状態」になったことがありました。

▼もちつき……ダイナミックにいこう

さて二〇～三〇分ほどで蒸しが完了しますので、いよいよもちつきです。

あらかじめお湯で温めてあった臼と杵でついてください。最初の小づきが一番大変ですが、がんばってやってみてください。

一番難しいのは手返しですね。皆さん躊躇されるようですが、成せば成る！　多少、水が多くて飛び散ったり、杵にもちがくっ付いて飛び出したりしてもいいじゃないですか。それがもちつきの醍醐味です。つき手と手返しは寄り添ってやってください。くれぐれも正面どうしでやらないように。

つき終わったもちは、取り粉を敷いた適当な箱に入れて、ちぎってお好みの味付けでどうぞ。ちぎるとき熱いので、軍手を濡らして使うとラクです。

▼カビ防止の裏技……ワサビ・カラシの助けを借りる

さて、せっかくついたおもちをカビにくくする方法も紹介しておきます。

タッパーにもちを入れて、隅に練りワサビかカラシを少量。これで冷蔵庫に入れておけば、軽く数週間はOK。

もうひとつ。お鏡もちをつくときに、粉ワサビを二升で二〇gほど混ぜてつき込めば、鏡割りまでは十分カビません。

林さんちのプロのもちつき

さて、ここからはプロ編です。

もちはもち屋とよくいったもので、林さんちがもちつきを始めた昭和六十一年のときは、「家庭でつくおもち」程度の知識は十分あったのにもかかわらず、まったく商品になりませんでした。それほど、細かいコツを掴まないと、なかなか上手くいかないのです。

▼余分な水分を速やかに飛ばす

林さんちでは、基本的に「浸水後の洗米」「完全な水切り」「蒸気を飛ばす」ことを、重視しています。蒸し上がった米の蒸気を飛ばすために、ボイラーからセイロを下ろしたら、一分程度扇風機に当てます。それでもまだ不足している場合は、もちつき機にセットしてある小型扇風機で飛ばし、ついた後、もちを切るときも、お鏡にする場合も、扇風機を当てます。余分な水分を速やかに飛ばすことによって、歯応えのよい溶けないおいしいおもちができます。

▼取り粉で薄井皮膜をつくる

そして、片栗粉を炒ってつくった取り

粉が薄い皮膜をつくって中の余分な水分をちょうどよく出してくれます。

最近、はやりのテフロン加工された板を使う「取り粉なしのやり方」だと、どうしても乾燥する際、もちの表面の皮が厚くなってしまい、皮だけ厚いおいしくない餃子のようになってしまいます。

林さんちでは、昔ながらの取り粉にこだわって、表面が薄い膜状の皮で、中はフンワリの、カマンベールのようなもちを目指しています。

売り方編

決して安売りしない

しかし、プロ農家にとっては、ここからが一番難しいハードルとなります。販売です。

▼卸していた会社が倒産、そのとき…

林さんちは、今から一八年前に、もちを卸していた会社が倒産、一四〇〇万円の不渡り手形をもらったことがあります。一気に儲けようとした若気の至りの結果です。

その後は、注文ハガキを印刷した新聞折り込みチラシを、四万世帯に配り、一軒一軒注文を受けるようにしました。最初は、印刷折り込み代が四〇万円かかったのに、わずか一五万円の売上げでしたが、今では、二五〇〇万円のもち加工の売上げのうち二〇〇〇万円は直売です。売上げは決して大きくありませんが、収益率は高いです。

▼安売りはしない

もうひとつ、業者さんやスーパーさんとの価格交渉ですが（といっても、こちらから売りに行くことはありませんが）、「林さんちの価値」を大前提に、お話をさせていただきます。普通、スーパーさんはまず上代を決めて、そこから卸価格を五〇～七五％前後提示されます。しかし、林さんちで売る一〇〇〇円のもちは、八五〇円の価値と決めているので、スーパーさんにもその値で卸します。販売価格は、業者さんスーパーさんの、販売力に見合った価格をお願いします。

まあ、普通はここでビックリされて帰られますが、「林さんちの価値」を安売りするわけにはいきません。もちをつくるより、この「林さんちの価値」を創造するほうが、難しいですね。毎日、そのために、がんばっています。

現代農業二〇〇七年一月号

もちつきは杵に限る

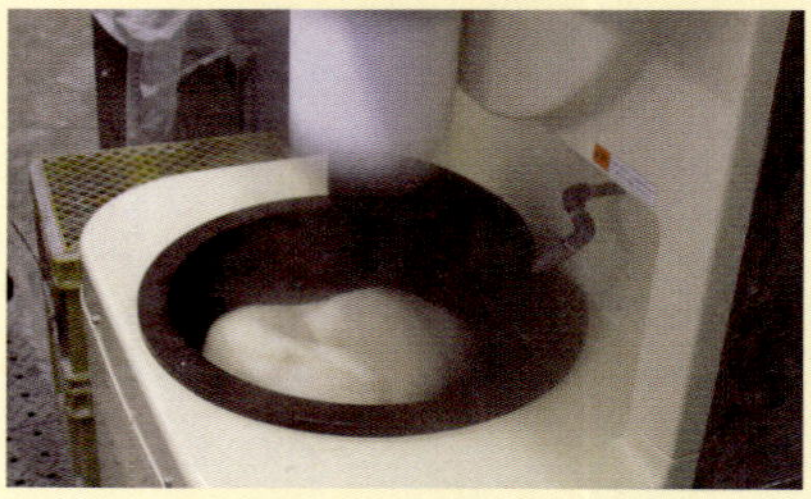

林さんちの全自動杵つき機

もちは手でつくと、組成がよりランダムになります。これが、もちの歯応え、舌触り、味をよくします。林さんちでは、さすがに機械のもちつき機を使っていますが、杵つきタイプのものです。いわゆる、クルクル回転させてつく機械でつくったもちは組成が均等になります。こうなると、食べるとベッチャリとして味もイマイチの感じです。杵つきでもつき過ぎると同じようになり、ポリマー状になって、なんと、固まってもゴムのようにグニャグニャです。これじゃ、煮たりすると、すぐに溶けちゃいます。

砂糖入りでやわらかく、蒸した取り粉でカビ防止

長野県飯田市●小池芳子さん

（編集部）

長野県飯田市の小池手造り農産加工所でみっちり修行をつんで卒業するカコちゃんと会ったイノシシのオイシッシ。「イノシシ年を契機にオレもそろそろ本気で加工をやろうと思ってさ。小池さんのところに弟子入りに来た」という。しかし、カコちゃんに「おちこぼれのオイシッシ」「せいぜい落第しないように」と言われてしまい、心機一転、「農産加工で日本一になって、見返してやる」と小池さんのところに入門することに…。

◆小池手造り農産加工所の面接室にて

小池さん。オレは悔しくて悔しくて。だからお願いです、オレを一人前に育ててください。この通り。

「おや、まあ。とにかく頭を上げなさい。

オイシッシ君っていいたっけ、やる気があるなら、私はいつでも大歓迎よ。技術は隠すためにあるんじゃないからね。それにこれからは男の人でも加工に参入する時代だからね」

ううっ（泣）、ありがたすぎるお言葉。

もちに砂糖を混ぜれば、固くならない

もちといやあ、オレが一番印象に残ってるのは、前に『現代農業』に載ってた「冷めても固くならないもち」（冒頭カラーページ6と、94ページ参照）なんだけど、あいつは衝撃的だったなあ、なんてったってもちをついてる途中に水にさらしちゃうんだもん。おかげで大福もちとかにして直売所で売ったりしても、翌日まで「つきたてのやわらかさ」だっていうんだもんなー。小池さんのところでも、なにかもちをやわらかく保つ工夫ってあるのかい？

「そうだねえ、うちではイベントのときなんかにきな粉もちを出すんだけど、そういうときはもちに砂糖を混ぜ込んでるよ」

うひゃあ、砂糖を？

「そう、砂糖を入れれば、もちが次の日になっても固くならないんだよ。私はその日の朝についたもちをイベントに持っていくんだけど、買ってくお客さんは、あくる日まで置いておいてもつきたてのようだって、喜んでくれるよ」

なんとなんと、砂糖がもちをやわらかくするとは……。量はどれくらい入れればいいの？

「もちをつくときに、二升のもち米に対して五〇〇g入れるといいよ。その場合、きな粉に混ぜる砂糖はうんと少なくするんだよ。もうほとんどきな粉に甘さ

小池さんの使っている金網。蒸気の通りがいいから、15分でもち米が蒸し上がる

「竹のスノコじゃ蒸気の通りが悪いから、蒸すのに時間がかかるよ」ってアドバイスする小池芳子さん（右）

を感じないくらいの量でいいんだ」

　なるほどねー、もちに砂糖が入ってる分、きな粉で調節するのかあ。

「それから、きな粉に入れる砂糖の量を減らすと、きな粉がベチャッとしなくなるんだよ。もし、きな粉に混ぜる砂糖の量が多かったら、浸透圧でもちの中の水分が出てきて、表面が水っぽくなっちゃうからね。そうなると見栄えもしないし、おいしくなさそうでしょ」

　確かに、ネチョネチョのきな粉がもちの表面にこびりついてるのはちょっと……。やっぱりきな粉はさらさらしてなきゃなあ。

　だけど、小池さん、この方法はきな粉もちに限らず、甘くするもちならなんでも応用できるんじゃない？

「そうだねえ、この方法でやってる人が私の知り合いでいるから、ちょっと行ってみるかい」

もちに砂糖を入れたら、アンコでは控える

◆近くの直売所「うまいもの館」にて
「ここの加工グループが、米粉を使って、中にアンコの入ったヨモギもちをつくってるんだよ。上新粉でつくるから、まあ私たちは普通、『おしんこもち』って言ってるけどね」

　おっ、ちょうどそのしんこもちをつくってるところだ。グッドタイミーング。お邪魔しまーす。

　えっ、味見させてくれるの、おばちゃん気前がいいねえ、ってこれ皮だけじゃん。まったくケチなんだから、ブツブツ……。うおー、こいつは皮だけなのにおいしいぞ。ヨモギの風味も利いてて、もち自体もほんのり甘い。なるほど、もちに砂糖が入ってるな、こりゃ。これだけでも十分商品になりそうだ。

　お次はアンコだけ食べてみろってか……。うん、このアンコは、甘さが控えめでさっぱりしてる。この二つを合わせて食べてみると……。絶妙！　もちに砂糖を入れた分、アンコの砂糖を抑えたのか、くうー、にくいね。

セイロに敷くのはスノコより、金網のほうがいい

　うめえ、うめえぞ、このしんこもち、これならいくらでもいけそうだ。あれ、なにやら小池さんと夢中になって話してるぞ。

「米を蒸すとき、こんな竹のスノコを使ってるのかい？」

――そうですよ。

「うーん、これだと蒸気の通りが悪いから時間がかかりそうだね。どれくらいかかる？」

――四〇分くらいです。

「えっ、四〇分！　この加工用の蒸し機を使ってかい。それは長すぎるよ。私は金網を使ってるけど、それだと一五分ですむよ。私のとこと同じ火力なんだから、ガス代がもったいないよ。すぐに金網に交換したほうがいいね」

ちょっとちょっと、小池さん、金網たあ何のことだい？　もち米を蒸かすときは竹のスノコが普通なんじゃないの。

「うーん、口で説明するのは難しいねえ。うちの加工所に行ってオイシッシにも見せてあげようかね」

＊

◆小池さんの加工所にて

どれどれ、さっそくセイロを拝見。おっ、底のほうは確かに金網だ。二cm四方ぐらいかなあ。なるほどこれならスースー空気が通るぞ。

「この金網の上に布を敷いた後、もち米を入れて蒸すんだよ。蒸気の通りがいいから、はやく蒸し上がるんだ。せっかくだからちょっとやってみるかい」

うおっ、ほんとに速えー。もち米を入れて火をつけたばっかりなのに、すごい蒸気だ。勢いが強くてヒュウヒュウいってらあ。この調子なら、短時間でもちができちゃいそうだ。

火にかけて、間もなく蒸気がヒュウヒュウ

取り粉を蒸して殺菌、カビの原因を取り除く

ふう、食った食った。やっぱり、つきたてのもちは格別だねえ。こんなもちなら毎日でも食いたいや。だけど、もちはすぐカビちゃうからな。なんかいい方法ないの、小池さん。

「オイシッシ君、カビの原因は、じつは、取り粉なんだよ」

ひょえー、そうだったの。

「そう、新しい取り粉ならまだしも、古い取り粉なら一発アウトだよ。かといって、そう毎回新しい取り粉を使えるわけじゃないし。その都度、買っていたんじゃあ、もったいないからね」

そうだよなあ。あ、そういえば、オレの友達でももちの取り粉をしっかり払ってから、直売所に出すって人がいたな。

「うん、私も昔はそうしてたけど、なんせ手間だろう」

それならどうすれば……、でえい、いっそのこと、取り粉を使わなきゃいい！

「確かに取り粉を使わないでやる方法もあるよ。のしもちをつくる場合だけど、もちを流し込む入れ物にビニールを敷いておくんだ。その上にもちを入れてまたビニールを被せると取り粉はいらないよ」

そいつはいいや。

「だけどね、これにはひとつ欠点があって、うまく押せないんだよ。もちがビニールにくっついてるから、うまく広がらないんだ。のしもちをきれいにつくるなら、どうしても取り粉は必要なんだ」

いったいぜんたい、どうすればいいの？

「取り粉を殺菌すればいい」

殺菌？　取り粉を？

「そう、一度殺菌してしまえば、あとはもうカビないんだよ」

あっそうか！　90ページの林さんちでも取り粉をフライパンで炒ってたけど、あれもそうだったのかあ。小池さんも同じ方法？

「私はもち米を蒸すとき、ついでに殺菌してるよ。まず、取り粉を袋に詰めて、水気が入らないようにしっかり口を閉じる。それを、もち米の上に置いて、いっしょに蒸してやれば、熱い蒸気で殺菌になるんだ」

さすがは小池さん、おかげで、またひとつ賢くなっちゃった。でも、久しぶりに頭を使ったら、またお腹がすいてきたぞ。どれ、もう一個いただくよ、小池さん。

現代農業二〇〇七年一月号

冷めても固くならないおもち

つき方その①

水さらし・二度つき法

岩手県紫波町●川村恵子さん

もち米一〇〇%の大福 本物の味が売れに売れる

岩手県紫波町の直売所「もっす」では〝川村恵子さんの大福〟が評判だ。朝八時半、一パック二個入り二〇〇〜三〇〇円の大福が一二パックくらい並べられると、平日でも午前中でほとんど売り切れてしまう。お客さんたちは盛岡や花巻から車で三〇分以上かけてやってきて、こぞって買っていく。

なぜこんなに売れるのかというと、大福のもちが「もち米一〇〇%」だからだ。アンコ入りのおもちが大福なのだから当たり前だと思うのだが、実はこれ、当たり前ではない。市販の大福はもちに求肥などの添加物が入っていたり、酵素処理されているものがほとんど。もち米だけではもちがすぐに固くなってしまい、流通に耐えられないからだ。

恵子さんのもち米だけの大福はもち米特有の香りや重さがあって、それが中のアンコをしっかり受け止めている感じ。ずっしり食べ応えのある大福だ。これを食べたお客さんは「本物の大福の味がする」「よその大福はストレートにアンコの味ばかりする」といいながら、「もっす」の大福リピーターになる。

しかし、もちは普通、つきたてはやわらかいが冷めればカチカチに、時間がたてばさらに固くなっていくはず。ところが、恵子さんは夕方ついたもちで大福をつくり、直売所に置くのは翌朝だ。たまに夕方まで売れ残ることもあるが、それでも大福のもちはやわらかいまま。無添加なのに冷めても固くならないもちなのだ。

冷めても固くならない おばあちゃんのもちつき

恵子さんが大福を出すようになったのは、「もともと大福が大好きだったから。スーパーの大福よりおいしいのをつくりたいと思ったから」。しかし、もち米一〇〇%の大福はもちが冷めたら固くなってしまう。長期間保存し、必要なときに焼いて食べるもちなら、固いほうがいいに決まっているが、大福はやわらかくなくてはならない。かといって、やわらかくするために砂糖などの混ぜ物も入れたくない。

恵子さんは昔のおばあちゃんのもちつきを思い出した。「臼と杵でもちをつき、つき上がったもちを水にさらし、もう一

もちの二度つきが終わったところ。間をおかず、すぐもち粉をまぶす（すべて平蔵伸洋撮影）

水にさらして二度つきしても粘りや香りは普通のおもちと変わらない。写真は切りもちで、黄な粉などをまぶして販売。これも固くならない

度つく。そのもちは普通のと違って、時間がたってもやわらかいままだった」。そこで、電動もちつき機でついたもちを水を張ったタライに入れ、一五分ほど水にさらしてから再びもちつき機に入れ、食べてみた。

粘りも香りも普通についたのと変わらない。肌理が細かく、程よい固さと弾力。そして、しばらくおいても、普通のもちのように表面に膜が張ったり、ガビガビになって割れたりしなかった。

しかし、何回かやってみると、冷ましすぎて固くなったり、水を含んでやわらかくなりすぎたり、固さにムラができたり、水っぽくなったり、途中でドロドロになったり……。うまくいかない。どうしてだろう？

水にさらして二度つけば もちの水分が飛ばない

恵子さんは普通についたもちが固くなっていく様子を見ながら気がついた。「時間がたっておもちが固くなるのは水が飛ぶから。アツアツのおもちをそのままおいとくと、熱と一緒に水が抜けてしまうんだ」。おばあちゃんのやり方は、つきたてを水にさらしてもちの中の水を飛ばすことなくあら熱を取り、もう一度つきなおしても水が飛ばない冷めた状態にしていたのだ。恵子さんはこれをヒントに次のように工夫したら、バッチリうまくいった。

●ついたら手早く水にさらす

つき上がったもちをそのままおくと表面に膜をつくり始める。いったん、この膜ができてしまうと二度つきしてもこの部分が固く残ってしまう。だから、つき上がってから水にさらすまでなるべく間をおかないようにする。

●水の中で平たく伸ばす

つきたてのもちを水を張ったタライにつけても、そのままの状態ではなかなか熱が逃げない。中のほうに熱が残ると固さにムラができたり、やはり水が飛んでしまって固くなる。もちはなるべく均一に平たく伸ばすことで、水に触れる表面積が大きくなって熱が逃げやすくなり、厚みもなくなるので熱がこもらなくなる。短時間にムラなく熱が取れるのだ。

●二度つきはフタを開けて

水にさらし終わったもちはやや固い状態で平たく伸びている。このままでは大福や切りもちに成形できないので、二度つきする。このとき、再び熱が加わったりこもったりしないよう、もちつき機のフタは開けておく。再びこね始めるとやわらかくまとまり始めるが、さらしたときの付着水もあって、こねすぎると程よい固さも失ってしまうので頃合いを見計らって引き上げる。

●すぐにもち粉をまぶす

一度目ほどではないが、二度つき後もそのままおいてしまうと表面の水が飛んで膜をつくりやすい。そのため、二度つき後も間をおかずにもち粉をまぶして表面をコーティングする。

「もちは、つきたてがもてはやされるけど、本当は1日おいたほうが味が落ち着いておいしいんだ」と恵子さんはいう。写真はクルミをのせたゴマすり大福

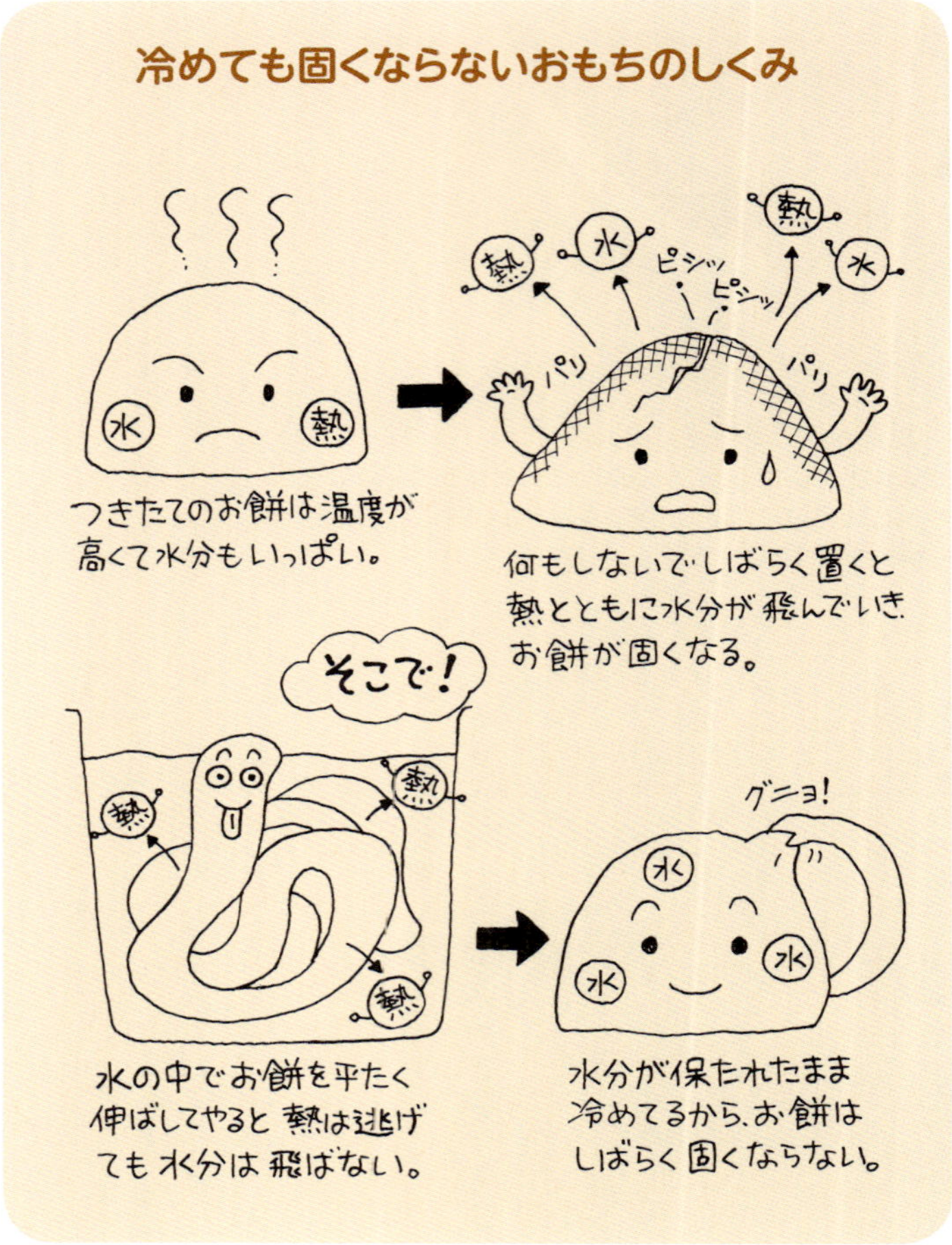

冷めても固くならないおもちのしくみ
水
熱
つきたてのお餅は温度が高くて水分もいっぱい。
熱
水
ピシッ
ピシッ
熱
水
パリ
パリ
何もしないでしばらく置くと熱とともに水分が飛んでいきお餅が固くなる。
そこで!
熱
熱
熱
水の中でお餅を平たく伸ばしてやると熱は逃げても水分は飛ばない。
グニョ!
水
水
水
水分が保たれたまま冷めてるから、お餅はしばらく固くならない。

イチゴ大福、梅紫蘇《うめじそ》大福、ゴマすり大福……

もちを水にさらして二度つきすることで、少なくとも二日間はやわらかいまま。もちが固くなる心配がなく、もち本来の香りや重さが大福のベースになると、アンコにもさまざまなバリエーションが生まれ始めた。春のイチゴ大福、夏の梅紫蘇大福、秋のゴマすり大福……。

ある日、たまたま近所のスーパーで買ったイチゴ（3Lのトチオトメ）を大福に入れてみたら、えもいわれぬおいしさ。ところが、次の日にもう一度同じ棚のイチゴを買ってきて入れてみたら、前日よりまずくなっている。原因はイチゴの鮮度で、もちがしっかりしていると具のわずかな質の違いが出るのだ。「一日でこんなに味が落ちるのなら」ということで、以来、原料は市場に直接仕入れに行くことになった。今や、このイチゴ大福、季節限定ではあれ、「もっす」の名物になってしまった。

また、梅を漬けた紫蘇はいつも捨てていたが、これを大福に入れてみたら結構いける。梅と紫蘇のエキス入りだから身体にもいいはずだし、夏場にもかかわらず防腐効果がある。きっかけは廃物活用だったが、これもウケてしまった。

「うまくいったときなんか、どんどん食べる。おなかいっぱいになってから、やっと、これなら売れるって思う。売れないはずがないじゃない、こんなに太っちゃうくらい、しっかり味見してるんだから」。夜の加工所は恵子さんにとって至福の時間のようだ。

（冒頭写真ページもあわせてご覧ください）

現代農業二〇〇二年十二月号

冷めても固くならないおもち

つき方その②

水につける時間は五分

福岡県筑紫野市●三宅牧場

福岡県筑紫野市の三宅静代さん（五〇歳）は「あの記事（94ページからの記事）をよんで目がキラ～ンとなりました！」という。肥育牛と米麦・野菜栽培のかたわら、去年からは長女の中垣静恵さんが代表となっている加工所「まきば」で農産加工に精を出す。

中でも好評なのがヨモギあんもち。牧場から出る堆肥をたっぷり入れて栽培したもち米が原料で、毎朝四時ごろから準備して直売所に並べる。

夕方になるとだんだん固くなってくるのは、何も添加物を入れていない証拠で、「もちなんだから固くなるのは当然」とは思うものの、やはり気になる。

もちをやわらかくするためには、つく際に水を多めに入れるとよいことは知っているが、もち本来がもつ、あのビヨーンという〝ひき〟がなくなる。

業者さんからは「デンプンを老化させない酵素剤を入れるといいよ。賞味期限も四～五日は表示できるよ」と教えてもらったが、「添加物は使わないことにこだわっている」と、つっぱねてきた。そんなときに見たのがこの記事だ。読んだからには「よっしゃ、やってみよう」と即実行。ついたもちをドブーンと水に入れるのは心配で心配で、ドキドキだった。

三宅さんが水につけておく時間は約五分（一回にやるもち米の量は二升）。もちは冷ましたつもりでもけっこう熱を持っているものなので、つけている間、「まだかな、まだかな」と思っても、これまで遅すぎることはなかった。もちは意外と熱がこもっているという。

その後、再びつく。最初はもちがまとまるかどうか心配だったが、「だんだん立派なもちに。それもなんともいえぬやわらかさ！　二日目でも十分やわらかい。それにおいしい！　嬉しかったですねえ」と三宅さん。

三宅さんのもちは、ヨモギが入っているとはいえ、二日目でもまだまだやわらかい。それでいて、もちならではのコシというか、歯ごたえがある。三宅さんから「テフロン加工のフライパンでちょっと焦げ目をつけてから食べるとおいしいよ」と教わったとおりにしてみると、焼くそばから、米のはぜた香ばしいにおい。

お客さんからも「どうしてこんなにやわらかいの？」と聞かれても、「つくときに水を多く入れたり、添加物を入れなくてもやわらかくできるんですよ」と自信を持って説明している。

「もちが好きだから、もち本来がもつおいしさを伝えたい」という三宅さん。このやり方でそんな気持ちがこもったもちができ上がった。

現代農業二〇〇四年一月号

三宅さんのヨモギあんもちは、もちのもつコシとやわらかさを併せ持つ

つくりたてを冷凍し、自然解凍させたものを1日おいたものだが、よく伸びる

冷めても固くならないおもち

つき方その③

わが家の秘伝公開

「おもちが固くならないようにするために、うちではこれを入れてるよ」という知恵の数々を集めてみました。各地、おもち自慢のはじまりはじまり。

砂糖を入れた焼酎を混ぜる

北海道津別町●井上啓子さん

もちつき機で一臼（もち米二升）がもう少しでつき上がる頃に、砂糖を混ぜておいた二〇度の焼酎（およそ五合に砂糖一kgの割合）一〇〇～一五〇ccを混ぜてゆきます。しっとりやわらかい感じになったらでき上がりです。二日は固くなりません。砂糖や焼酎、混ぜる量はめやすです。もちのつく量やようすを見ながら混ぜてくださいね。

このやり方を始めたのは、年に一～二回しかおもちをつかなくなったので、できれば二～三日はやわらかいもちを食べたいと思うようになったからです。娘たちも大好きで、フライパンにさっと油をひいて焼き、しょうゆ味にした海苔巻き、砂糖しょうゆをからめたもちを楽しみにして、お正月休みに帰ってきます。もちをついたらすぐ冷凍して、食べるときに焼けば、つきたてのおいしいもちになりますよ。

現代農業二〇〇四年一月号

すりおろしたサトイモを混ぜる

島根県松江市●浜野幸枝さん

実家の母がやっていたのですが、もちがつき上がる頃、おろし金ですった生のサトイモ（大三～四個ぶん）を入れてます。これで、あんこ入りのもちが二～三日やわらかい状態になります。最後の一～二分ですが一緒につくので、サトイモは気になりませんよ。

あんこを入れて丸めたあと、サランラップで一個ずつまいておくと、よりいいですね。この前もお祭りがあって食べたのですが、やっぱりやわらかかったです。オーブンでちょっとあぶってやるとおいしいです。でも、このやり方をするのはあんもちだけ。平もちにして雑煮に入れると、やわらかすぎて溶けてしまうようです。

現代農業二〇〇四年一月号

小麦を混ぜる

和歌山県橋本市●生地育子さん

私らのほうで、小さい頃に食べていた小麦もちも、なんでかわからんけど、夏についても二～三日はいたまなくて、やわらかかったな。

今、加工所で週末だけつくって直売所に出しているけど「懐かしい」って言って、待ってる人がいるよ。きな粉で食べるとおいしい。すぐに食べられるよう、私はもちと一緒にきな粉も小さな袋に詰めて売ってる。

つくり方は、もち米を蒸すときに、三時間水につけた麦をのせて、ほんのちょっと塩をふって一緒に蒸す。割合は米が一升なら麦が五合の割合。つくときも一緒だから簡単です。

昔、田植えの忙しいときについて、直径三〇cmぐらいの大きなどんぶり鉢に丸めておいたのを、しゃもじで切っては食べてたな。田植えは疲れるけど、もちなら力が入るって食べたんだろうね。これも昔の人の知恵なんだね。

現代農業二〇〇四年一月号

豆腐を混ぜる

青森県東北町●和田佐由美さん／佐賀県佐賀市●鈴木正子さん

冷めても固くならないもちにするのに、豆腐を混ぜるという話です。

青森県東北町の料理名人・和田佐由美さんは、蒸したもち米一升に対して、木綿豆腐を一丁加えてもちをついています。豆腐を一時間水切りすることと、米を蒸すとき一〇分ほど蒸し器に一緒に入れて温めておくことがポイントだそうです。

いっぽう佐賀市の鈴木正子さんは、だんごをつくるときに、水の代わりに豆腐を混ぜます。豆腐は絹でも木綿でもどちらでもよく、水は切らずにそのまま使うそうです。分量はだんごの粉二〇〇gに豆腐半丁ほど。これで一五個くらいできるそうです。

以前は朝にだんごをお供え物にすると夕方には固くなっていましたが、豆腐を混ぜただんごはやわらかい。おまけに豆腐嫌いの子どもにこっそり豆腐を食べさせられるのもいいところだそうです。

現代農業二〇一二年二月号

サトイモ・サツマイモを混ぜる

和歌山県印南町●花谷英美さん

小昼のお菓子はお母ちゃんたちの腕の見せどころですが、定番はやっぱりおもちでしょう。

和歌山県印南《いなみ》町の花谷英美さんのおもちはサトイモやサツマイモ入り。冷めても固くならないし、ついたもちを干してから、焼いたり揚げたりしておかきにしても、サクサクしてとってもおいしいそうです。

サトイモは、もち米を蒸すときにすりおろして混ぜてやります。分量は、もち米二升に対して、サトイモ一個くらい。サツマイモはふかしておき、別にふかしたもち米と合わせて一緒につきます。分量は、もち米二升に対してサツマイモ一kgくらい。好みで砂糖を加えてもいいとか。ただし、イモを入れすぎると、もちがやわらかくなりすぎてドロッとしてしまいます。そのために機械が詰まってしまうこともあるので、機械でつくときは、とくに加減が難しいそうです。

現代農業二〇〇五年一月号

カビをださないもち保存

からしで予防

長野県小諸市の小林けさ江さんのお宅では、正月用についたおもちを、その後もカビないように冷蔵庫、冷凍庫で保存していますが、スペースには限りがあります。入りきれなかったもちを、けさ江さんは図のようにからし粉を使って保存しています。するとなんと、そのまま三月の節句あたりまでカビが生えないのです。

ザルの目の間から出るからしの辛味成分が、きっとカビを防ぐのでしょうね。

現代農業二〇〇四年一月号

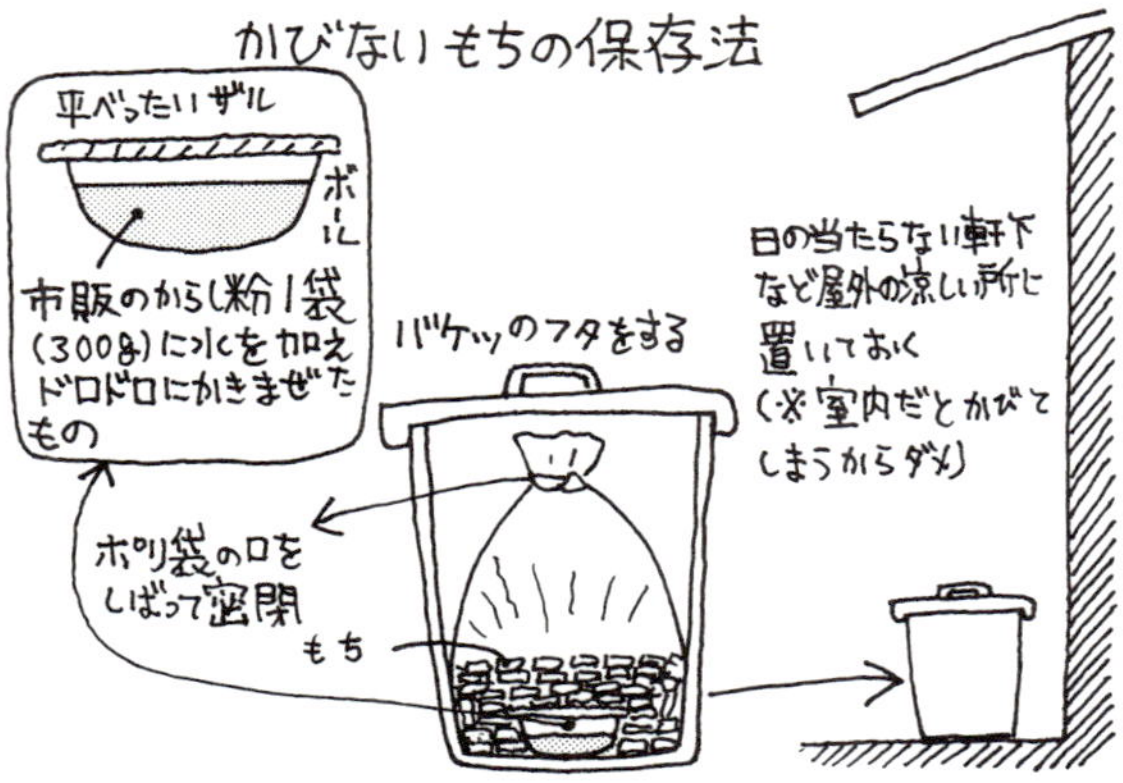

使い捨てカイロを使う

山形県高畠《たかはた》町の斎藤孝さんはカイロをもちの保存に使います。

使い捨てカイロというのは、鉄が酸素と結びついて酸化するときに熱を出すことを利用しています。空気中の酸素を奪って起こす反応を利用しているので、これを密閉した容器の中で使えば、脱酸素剤代わりになるというわけ。

斎藤さんは、もちをタッパーで保存するとき、貼るタイプの使い捨てカイロを、どんな大きさのタッパーでも一個、内蓋に取り付けます。カイロがタッパー内の酸素を奪い、蓋が少しへこむ状態になるとカビはまったく生えません。はじめ少し熱が出ますが、酸素がなくなればすぐに熱は冷めるので、もちの品質には問題ないそうです。酸素脱臭剤よりも安いし、茶葉など、水分が多くないものなら何でも使えるそうです。

現代農業二〇〇三年一月号

もちづくりの基本

吉井洋一（新潟県農業総合研究所）
有坂将美（新潟県食品産業協会）
石川　豊（農研機構食品総合研究所）

工程ごとの留意点

もちは、糯米を原料として製造される食品であり、品質ならびに食味に優れた良質のもちを製造するためには、品位の高い糯玄米を使用しなければならない。

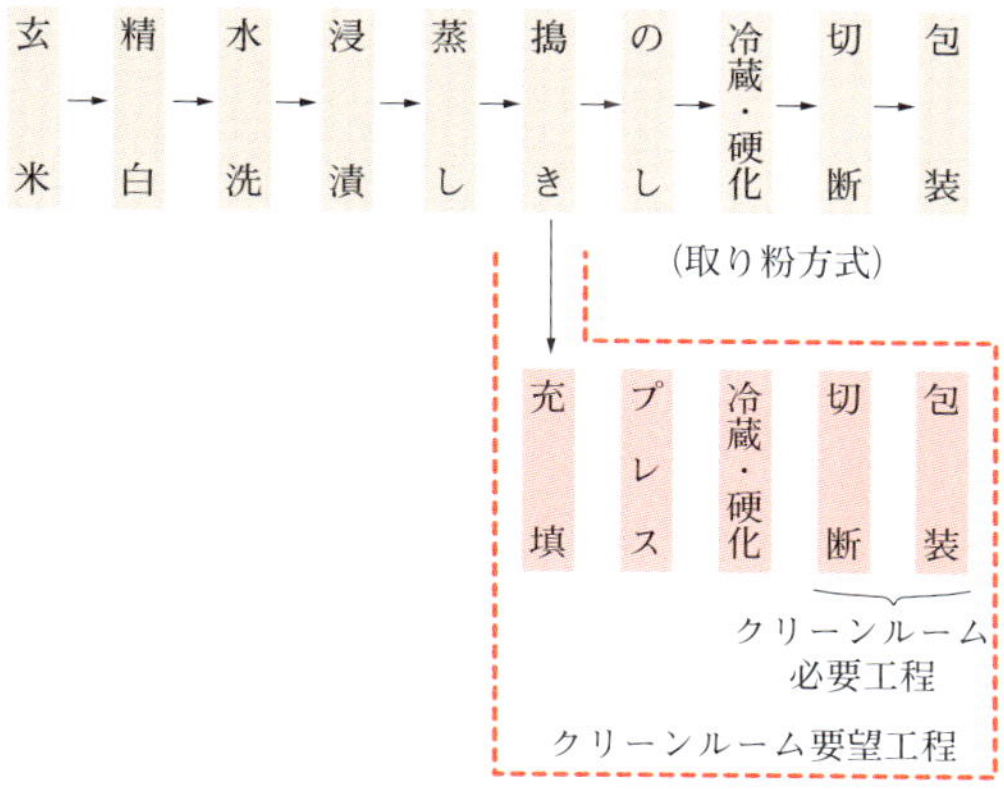

図1　もちの製造工程

もちは、図1のような工程により製造されるが、各工程における要点は以下のようになる。

▼原料となる糯米の適性

原料としての糯米には、①一、二等の品位の高いこと、②もちにしたときに早く硬化すること、③もちは白くて肌が滑らかでのびがあり、食べたときに適度な粘りと弾力があり、甘いような味のあることなどが求められる。もちの硬化性が重要視されるのは、早く硬化すると次の切断作業に早く移ることができるためである。もちの硬化性は、写真1に示したように産地、品種により大きく異なる。これにはイネの登熟気温が大きく関係しており、登熟気温が高くなるほどもちの硬化性は早くなる。

もちは、水分四〇%以上の高水分食品であるために微生物が容易に繁殖する。この菌管理を含めた衛生管理がきわめて重要であり、原料段階から配慮する必要がある。原料米は、発芽率が八〇%以上の新鮮度の高いものを使用する。新米や低温貯蔵された新鮮度の高い玄米ではカビや耐熱性の細菌が少なく、微生物的に安定なもちを製造するのに適している。

▼搗精

糯玄米の搗精《とうせい》は、玄米粒外側に多く存在するタンパク質、脂質、灰分、色素などを除去してもち原料として好ましい精米を調製するために行なわれる。

搗精により、玄米表面に付着する多くの微生物も除去される。通常、玄米の搗精は胚芽が取り除かれる精米歩留り九〇%程度まで行なわれる。もち製造の場合

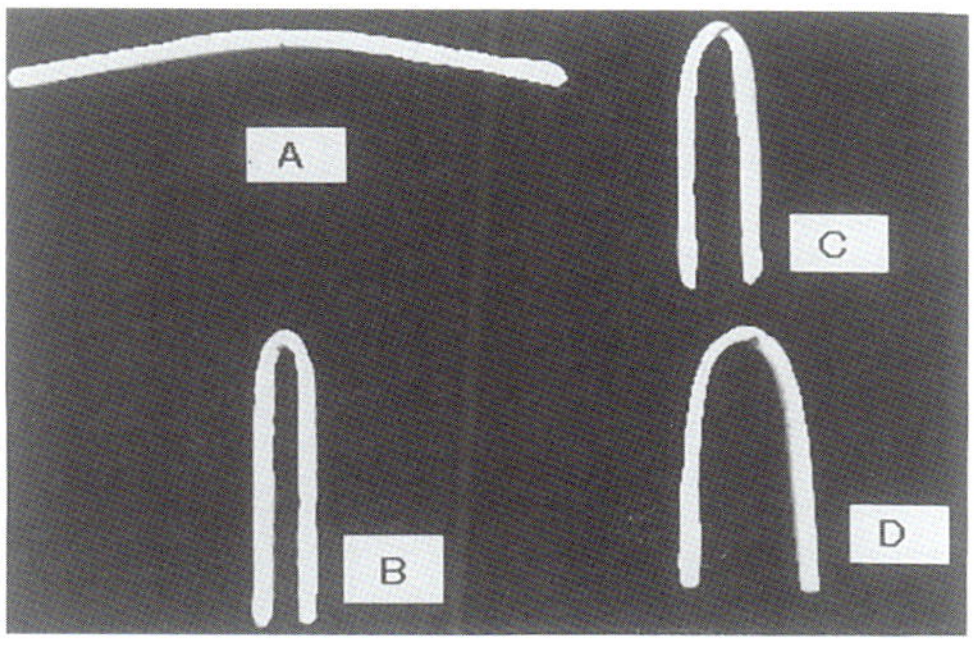

写真1　冷蔵1日後のもちの硬化状態
A：新潟県産こがねもち、B：佐賀県産ヒヨクモチ、C：北海道産カムイモチ、D：栃木県産陸稲糯

には付着する微生物を極力除くために搗きむらのないように注意して歩留り八八～八九％まで行なうことが必要である。

搗精を行なう場所はぬか・ほこりが多く、微生物の汚染源となるので、もち製造場所と区分けしなければならない。

▼水洗

精米の水洗は、付着するぬかとともに精米粒外側に多く残存するタンパク質、脂質、遊離の糖やアミノ酸を溶出させて好ましい色・風味のもちとする。それとともに付着する微生物を積極的に洗い流すために行なうものである。精米の歩留り低減や研米処理だけでは、これら成分の除去効果は不十分であり、水洗操作を省くことはできない。専用の洗米機があるが、少量であれば米と同量程度の水で五回、五分程度時間をかけて行なう。

▼水浸漬・水切り

水浸漬は、引き続き行なわれる蒸し工程で澱粉の糊化に必要な水分を確保するために行なわれる。精米を水浸漬すると二時間程度で飽和吸水状態になるが、飽和吸水状態に達する時間は水温が高くなるにつれて短くなる。

浸漬時間は、三～一二時間が理想であるが、水温の低い冬季には一五時間程度までは差し障りがない。この場合、水浸漬の間にも付着した微生物が増殖するから、その増殖を抑制するために水温一五℃以下で浸漬することが望ましい。浸漬時間がこれ以上長くなるともちの色の黒ずみや苦みを生じる場合があり、また、短いとつぶれ不良となり粒の残ったもちとなる。

水切り時間は、三〇分以上行ない二時間以内に使い切るようにする。水切り時間が短い場合には、蒸米表面の水分が高くなり型崩れしやすいもちとなり、逆に長すぎると香りの劣化・色の黒ずみの原因となる。

水洗・浸漬を行なう場所は床面が濡れるので微生物の汚染源となりやすく、もち製造場所と区分けすることが望ましい。

▼蒸し

水切りした浸漬米を蒸籠などの蒸し機で吹き抜かせながら十分に蒸す。ボイラーを使用する場合、蒸気圧・二kg／㎠程度の流圧で芯から蒸し上げることが必要である。蒸気圧が高くなると乾いた蒸気となり、蒸米のふけが悪く芯のとれないもちとなる。蒸し時間は、図2に示したように、二〇～四〇分の範囲内であれば蒸米の糊化状態が大きく変化することはない。

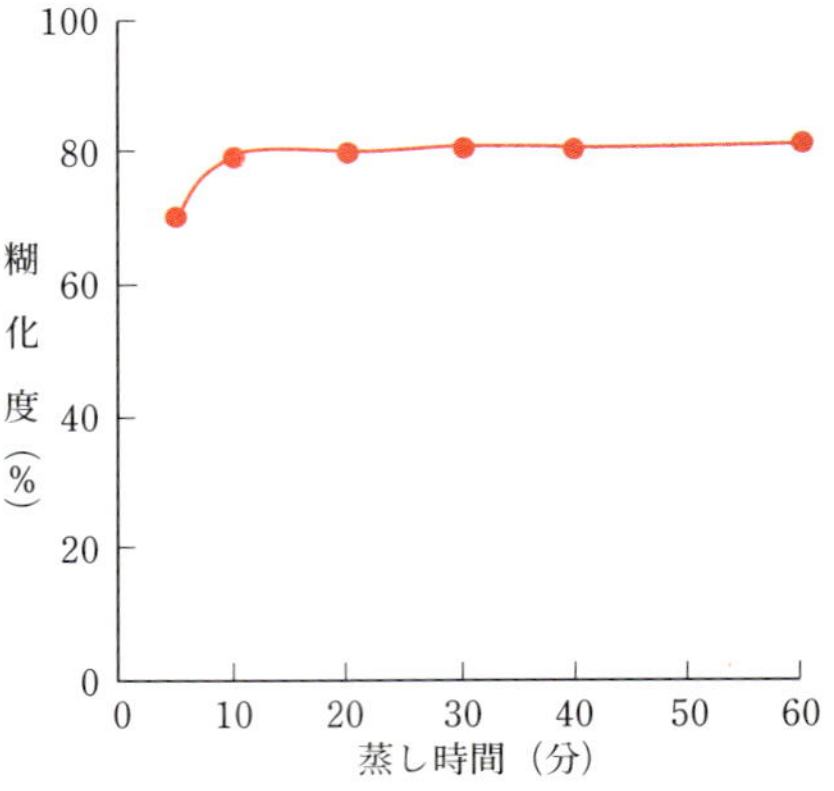

図2　蒸し時間と蒸米の糊化度の関係

▼搗き

蒸米を杵搗機《きねつきき》、ミキサー、練出し機（もち練り機）などで処理してもちにする（写真2、3）。それぞれ製もち方式により特徴のあるもちとなる。最近では杵搗機が使用されることが多く、一般的に杵搗きもちはコシの強いもちに、ミキサーでは良くのびるもちに、練出しはやわらかいもちとなる。

これは、写真4に示したようにもちの組織構造および気泡量が異なるためである。杵搗機で搗き上げた場合には、もちの中の気泡および組織は比較的均一であるのに対し、ミキサー方式や練出し方式の場合には組織が小さい割に大小の気泡が多量かつ不均一に入っている。

杵搗機でもちを搗く場合、蒸米を一～二分間冷ました後、三〇秒程度目潰しを

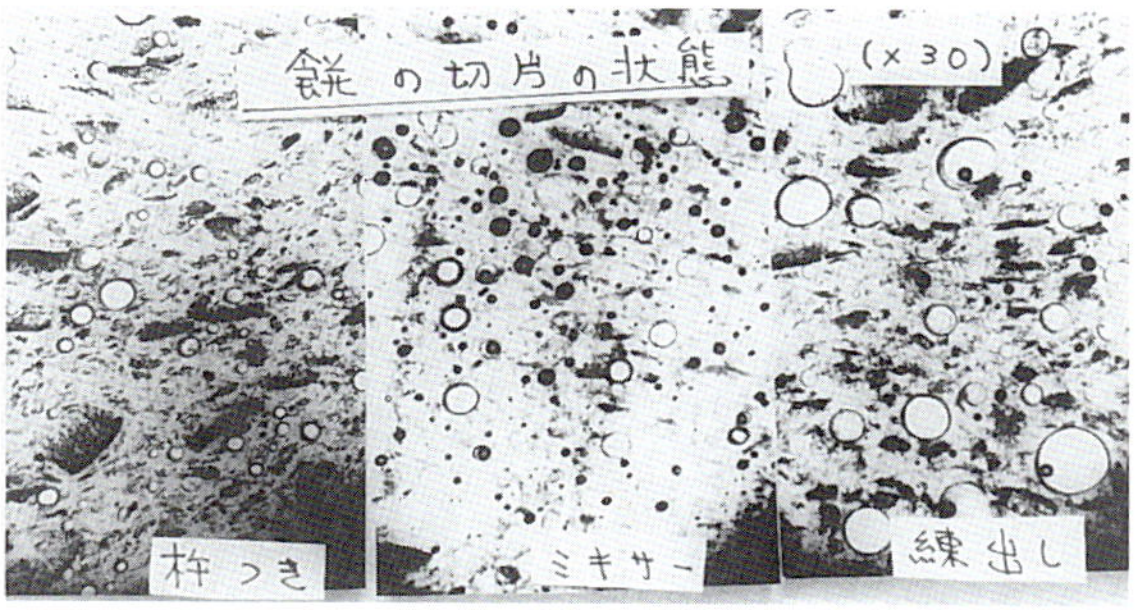

写真4　調製方式の異なるもちの顕微鏡写真

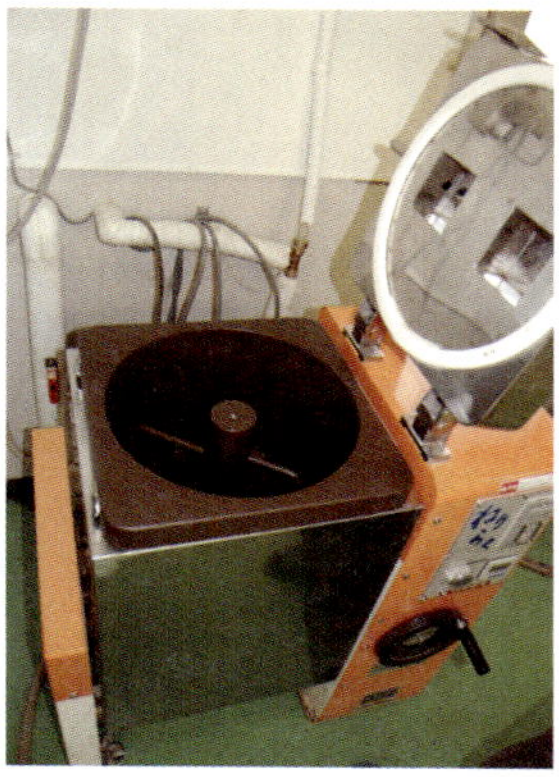

写真3　ミキサー

写真2　杵搗機

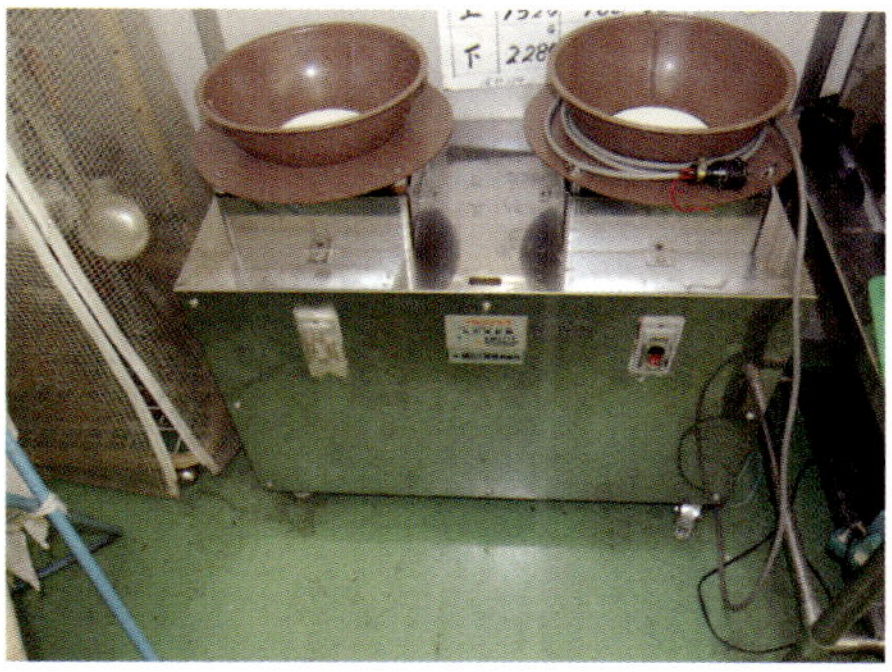

写真5　鏡もち成形機

行ない、引き続き二〜三分（一二〇〜一五〇回）程度本搗きを行なう。ミキサー・練出しの場合も蒸米を二分程度冷まして息抜きを行なうことが、良いもちをつくるうえで不可欠である。

　もちの搗き程度は、杵の重量および搗き回数により変化する。煮て食べる場合には搗き過ぎると煮崩れするために適度に搗くようにする（もちを手でのばしたときに潰れない部分が多少残る程度）など、調理方法にあわせて搗き程度を調節する必要がある。

▼成形・冷蔵

　搗き上がった後、直ちに耐熱樹脂板などで挟んで厚さ一・五cm程度に圧延成形するか、または取り板の上に取り粉をふり、その上にもちをのせ、棒でのばして長方形に成形する。鏡もちの成形には写真5のような機械を使うこともある。

　いずれの場合も、もちの成形は品温七〇℃以上で行ない、高い温度を保持して微生物による汚染を防ぐようにする。成形したもちは、約5℃の冷蔵庫で一〜二日間入れて硬化させる。

▼切断・包装

　冷蔵して硬化したもちをギロチン式または丸刃式の切断機（写真6）などで所定の形状に切断し、脱酸素剤を封入して包装する。冷蔵庫からもちを取り出すともち表面に結露が生じるが、この場合には微生物による二次汚染を受けやすくなるため、たとえば気温一一℃・湿度四〇%といった結露の発生を極力避けるような条件で切断作業を行なわなければならない。

（吉井洋一）

食品加工総覧　第4巻　もち

写真6　丸刃式の切断機

もちを硬くしないための考え方と方法

▼もちが硬くなる理由

もちを利用した食品には、大福もち、だんご、求肥（砂糖を多量に加えたもの）、切りもち、あられなどがある。大福もち、だんご、求肥は、品質上、もちはいつまでもやわらかい状態のものが好まれるし、切りもち、あられなどでは、加工作業のしやすさが重視されるため、もちはむしろ早く硬くなることが望まれる。このため、もちをなるべく硬くならないようにしたり、逆にもちを早く硬くしたりする研究が行なわれている。

もちの物性変化は、澱粉の性質変化であるといえる。もちの原料となる糯米の主成分は炭水化物で、そのほとんどが澱粉である。この糯米澱粉（アミロペクチン）によってもちの性質が形づくられている。

図３　澱粉の糊化、老化

糯米の澱粉は、分子鎖が密に寄り集まり、生の状態にある（図3）。糯米に、水と熱を加えもちにすることで、澱粉は水を含み、分子鎖は相互に離れ、粗な状態、すなわち糊化した状態になる（図3）。糊化した澱粉は、温度が低下すると、抱き込んでいた水分子を離す。これにより、分子鎖が近づくようになり、次第に生の澱粉に似た状態、すなわち老化した状態になる（図3）。したがって、もちが硬くなるのは、糊化した澱粉が老化する現象であるといえる。

▼もちを硬くしないための方法

糊化澱粉の老化を抑えるためには、糖類や酵素剤を添加する方法がある。

◎糖類の添加―求肥の場合

糖類の吸水性を応用して、もちに糖類を多量に添加すると、糊化した澱粉から水分が急速に奪われること（老化）が抑制され、糊化状態が維持され、硬くなりにくくなる。

代表的な例としては求肥が挙げられる。求肥の製造では、まず細かい糯米粉一に対して水一・五を加え、乳液状にする。これを蒸し枠に入れ、蒸して糊化する。次いで、用いた糯米粉に対して砂糖二以上を四回くらいに分けて、順次混ぜ込む。糖類は砂糖主体にして水あめやマルトースを利用するとよく、ブドウ糖、果糖、ソルビトール、マルチトールなどでは逆効果になる。このようにすると、二週間程度やわらかい状態に維持することができる。

◎酵素剤の添加

酵素剤を添加する方法では、澱粉分解酵素、特に糖化酵素（β―アミラーゼ）を添加し、糊化澱粉を軽度に分解し、老化を進みにくくして硬くなるのを抑制する。この方法は、だんごなどに採用されている。だんごを製造するときは、蒸し上げただんごもち生地を搗くときに糖化酵素剤を少量、添加する。酵素は少量でも作用する力が強いので、酵素剤は使用基準に従って使用する。酵素剤の添加量が度を超すと、生地がドロドロになってしまう。

◎小麦粉の利用

酵素剤に代わり、アミラーゼ酵素を含む小麦粉が使われることがある。小麦粉を水に溶き、原料に対して一〜二%添加する。ただ、雑菌を含む生小麦粉は、日持ちの点で心配がある。

▼もちの硬さと糯米の産地、品種

搗きたてのもちそのものの硬さは、水分含量により大きく左右される。もちが熱い状態のときに水を加えて練ると、加えた水の量に応じてやわらかいものにすることができる。もちの硬くなる速さは、糯米により大きく異なる。それには、糯米の品種と栽培時の登熟気温が深くかかわっている。

糯米の代表的な産地は、北海道、新潟県、佐賀県だが、北海道産や佐賀県産の糯米は硬くなりにくい性質がある。一方、新潟県産糯米、特に、こがねもちは硬くなりやすい性質がある。

もちの硬くなる速さ（冷蔵後の硬度）とイネの登熟気温（出穂期から収穫期）との間には高い正の相関関係を見出すことができる。すなわち、登熟気温が高くなるほど、もちは硬くなる傾向がある。この関係からすると、北海道は北に位置し、登熟気温が低いことから、もちは硬くなるのが遅いと考えられる。また、佐賀県では、裏作の関係から田植え時期が遅くなり、結果的に登熟気温が低くなることから、もちは硬くなるのが遅いと考えられる。

一方、新潟県は米単作地帯であり、気温の高い時期にイネが栽培され、登熟気温が高いことから、もちが速く硬くなると考えられる。新潟県産こがねもちでは、冷夏のときにはもちは硬くなりにくく、猛暑のときにはより硬くなりやすいことが認められている。これにも登熟気温が関係していると判断される。

しかし、もちの硬くなる速さには品種も関係する。新潟県産の糯米では、こがねもち以外の品種はやや硬くなりにくい性質をもっている。したがって、もちの硬さには、産地と品種が関係すると考えられる。

なお、糯米は切りもちやあられへの使用量が多く、速く硬くなるものが市場評価は高いようである。

（有坂将美）

食品加工総覧　第4巻　もち

菌汚染対策の留意点

もちの最大の品質変化は汚染微生物による変質であり、この汚染原因は製造方式、工程全般からの二次汚染、原料由来の汚染の三つに集約される。

もちの保存性向上のためには、図4に示したような対策が必要である。大別すれば菌の汚染源にかかわる対策と、包装条件を含めた流通時に菌の増殖しにくい環境づくりの二つになる。たとえ無殺菌型のもちであっても常温三カ月以上の安定性が要求され、このようなもちを製造するためのポイントは以下のようになる。

▼原料由来菌を減らす

原料由来の耐熱性菌を防除するうえで、最も重要なのが精白条件である。図5に示したように、耐熱性菌数は米の精米歩留りにより変化し、精米歩留りが89%以下になるとほとんどみられなくなる。このようなことから、精米歩留りは八八〜八九%に設定されなければならない。

また、八九%以下に精白する場合にも、三段以上の多段精白で、できるだけ搗きむらがなく玄米の粒形に近い状態となる原形精白を行なわなければならない。

さらに、精白時の品温も五〇℃以下であることが必要で、できれば精白後直ちに水洗工程に入ることが望ましい。二〜三日分を一度に精白し、タンクなどに貯蔵しておくことは絶対に避けなければならない。

▼蒸し工程の管理

蒸し工程は加熱を伴うところから熱殺菌が行なわれると誤解されやすく、管理がおろそかになりやすい。しかし、蒸し機の入口には絶えず冷たい米が投入さ

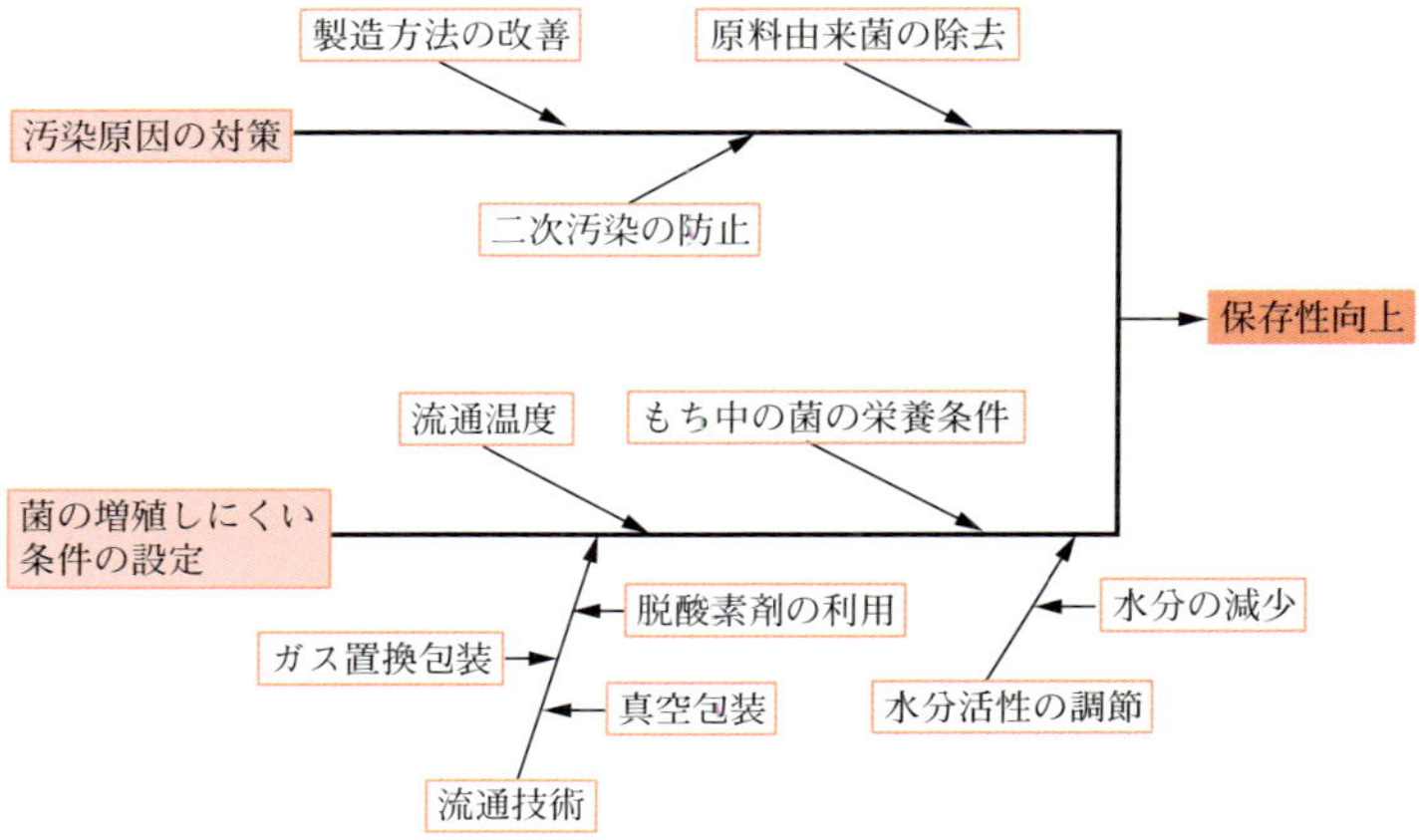

図4　もちの保存性向上のための対策

れ、そこから吹き出る蒸気や水とともに多数の菌も飛散する。したがって、この蒸気が他工程に流入しないように換気の徹底が必要である。それには、真空破りのための通風口は必ず換気口の反対側の壁に取り付け、換気口の真下や横直角方向につけてはならない。

▼包装条件

表1に、もちの包装条件と三〇℃での安定性を示した。表でみるとおり、袋内の酸素を除き二酸化炭素で置換することにより改善されるが、いまだ不十分である。表2に示したようにもちの汚染菌数と三〇℃での安定性の関係をみると、もち一g当たり菌数が一〇〇個以下になると脱酸素剤との併用で九〇日間は安定していることが認められる。

このようなことから、もち変質の直接原因となる菌数の低減がきわめて重要で、この要件を満たして初めて包装効果を発揮することが理解される。

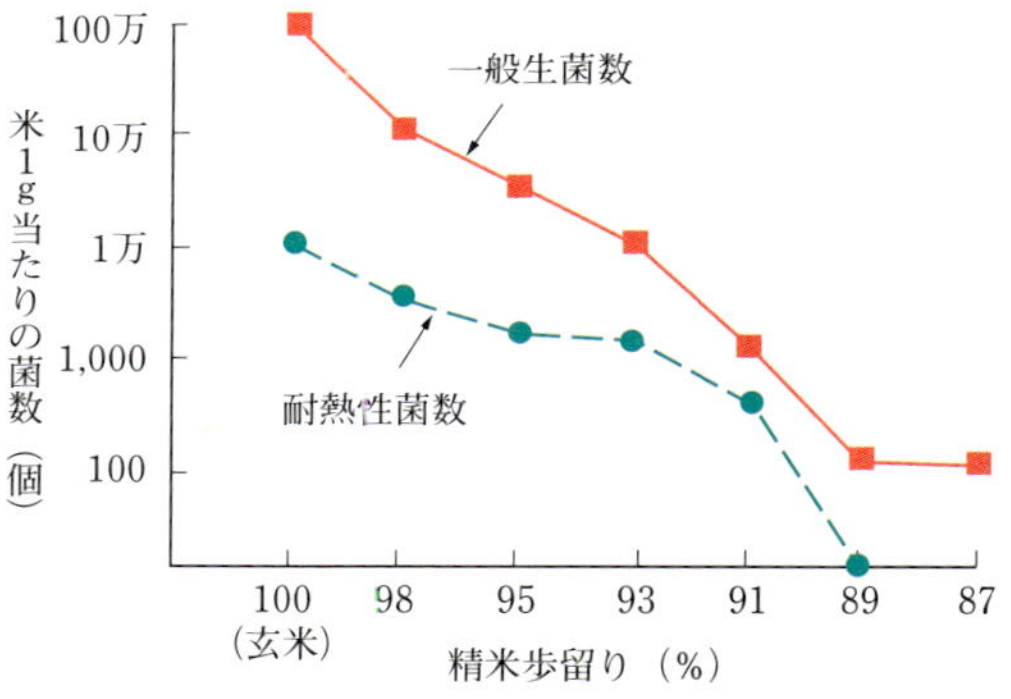

図5　精米歩留りと菌数の関係

▼水分条件

表3に示したように、菌の増殖を抑える点で酸素条件と同様に効果の大きいのはもちの水分である。水分42%以下に調節することで初発菌数が10^3個／g程度であっても、その増殖がきわめて遅くなり、もちの保存性が向上する。

もちの圧延・成形時に取り粉を使用する昔ながらの方法で流通安定性の高いもちを製造する場合には、もちの水分を品質に影響しない範囲で低下させるために、もち表面に丈夫な乾燥皮膜を形成させて保存性を高める手だてが必要となる。

このためには、取り粉としてじゃがいも澱粉を水分五%以下まで乾燥したものを用いる。それとともに、もちの上面に八cm程度の空間ができるように上段と下段を調整したラックに、必ず下段から上段に差し上げていくようにする。このようにして、もちを製造すればもちの水分は四〇～四一%となり、食味も良好となる。この方式は、一日当たりの生産量が五〇俵以下の場合に適している。

▼冷蔵条件

耐熱性菌は高温菌であるため、できるだけ速く温度を下げることが必要である。もちは冷めにくいので、冷蔵庫内での配置を十分に検討し、三時間以内に二〇℃以下に急冷することが菌の増殖を防止するうえで重要である。

▼製造機器の洗浄と殺菌

もち製造における洗浄と殺菌は、製造機器および資材、床などの部分に分けて考慮されなければならない。

表4に示したように、製もち機器類はその材質により付着菌が異なるため、菌相に適した殺菌剤を使用する。また、殺菌剤の使用方法は、薬液に浸漬するだけでは効果がないので、必ずスポンジか布でこするようにしなければならない。床も同様に界面活性剤系の殺菌剤でモップ掛けを行なうようにする。

▼空調と保管条件

製造場所の室温は、季節にあわせて一五〜二五℃の範囲に収まるように調節し、特に除湿に気をつける。

保管条件は、取り粉、耐熱樹脂板、分解洗浄した機械の部品などの保管と、できた製品の保管に分けられる。部品・資材などは、湿度五〇％以下のところで保管するようにする。製品の保管は低温が好ましく、五℃であれば数か月は貯蔵が可能である。

▼切断くずの処理

もちを切断する際に切断くずが五％程度発生するが、切断くずの管理が悪いと耐熱性菌が発生しやすく、そうなると再使用は不可能となる。

切断くずは、一時間分くらいずつ小分けに収集して耐熱性菌の生育しないうちに冷凍保管し、浸漬米とともに再度蒸し直しを行なうか、専用の蒸し機で蒸し直しを行なった後に、搗き工程で混ぜ合わせるようにする。このとき、冷蔵保管では耐熱性菌の生育防止は不可能であり、必ず冷凍保管でなければならない。

（吉井洋一）

食品加工総覧　第4巻　もち

表1　包装条件と30℃での安定性
（初発菌数10^5個/g）

包装方法	2日	4日	8日	12日	18日
真空包装	−	＋			
窒素置換包装	−	＋			
二酸化炭素置換包装*	−	−	−	−	＋
脱酸素剤包装	−	＋			
含気包装	−	＋			

注　（−）は外観的に異常なし，（＋）は異常発生
＊二酸化炭素は保存性は良好であるが，もちの品質が劣化する

表2　もちの汚染菌数と30℃での安定性
（脱酸素剤使用）

もち1g当たり菌数	4日	7日	10日	15日	30日	60日	90日
10万個以上	＋						
10万〜1万	−	＋					
1万〜1,000	−	−	−	＋			
1,000〜100	−	−	−	−	−	＋	
100以下	−	−	−	−	−	−	＋

注　（＋）は菌による変質を示す

表3　もちの水分と30℃での安定性
（初発菌数10^3個/g，脱酸素剤使用）

もち水分	10日	20日	30日	60日
45％	−	＋	＋＋＋	
42％	−	−	−	−
38％	−	−	−	−

表4　製もち機器類の材質と菌相

機器	材質	カビ類	*Bacillus*属	*Pseudomonas*, *Erwinua*
蒸し機	ステンレス	0	2.0×10^3	1.0×10^3
蒸米ベルト	ゴム	4.3×10^3	2.3×10^3	3.0×10^2
練り機	鋳物	0	0	1.0×10^5
搗き機	（テフロンコート）	5.0×10^2	1.3×10^2	0
もち輸送ベルト	布	6.0×10^2	0	87
切断機ベルト	ゴム	3.8×10^4	0	0
もち輸送ベルト	テフロン	6.3×10^3	1.0×10^2	0
カッター刃	（テフロンコート）	9.0×10^2	43	0

注　$10cm^2$当たりの拭き取り菌数

施設・資材の選択

施設・設備と菌対策

▼冷蔵庫

もちの製造工程において、その性質上切断できるようにするために冷蔵・硬化の工程が必要であり、冷蔵庫の設置が不可欠となる。このとき、冷蔵庫へのもちの搬入量は、一坪当たり二俵分以下となるようにし、三俵を超えてはならない。これは、もちの冷却速度が遅くなり品質の低下が起こるとともに汚染菌の菌数の増加が速くなるためである。

また、冷蔵庫においては、戸の開閉に伴う風で戸口から五mの範囲でカビが落下菌として検出されやすいため、ここにはもちを置かないように気をつける。これは、戸口付近の壁は常に結露状態にあり、カビが生育しやすいためである。

▼クリーンブースまたはクリーンルーム

もちの変質には、もちに含有される微量の脂質類の変質による食味の低下などの問題もある。ただ、変質のほとんどは微生物によるものであるから、流通安定性を保持するためには微生物汚染対策が最大の要点となる。

前述したもちの製造工程のなかでも、特に切断・包装工程ではもち自体に熱がないため、周囲の汚染度がそのままもちの汚染状態に反映する。このようなことから、簡易的にはクリーンブース、本格的にはクリーンルームの設置が望まれる。

（吉井洋一）

食品加工総覧　第4巻　もち

包装資材

もちは水分が多くカビが発生しやすいため、かつては長期保存食品としての商品価値は低かった。昭和三十年代に入り、保存料の使用により流通の安定性は得られたが、包装という面ではまだ不十分であった。昭和三十九年に厚生省の指導で保存料が使用できなくなると、新しい包装材料の開発、真空包装・レトルト殺菌技術などの進歩により殺菌もちが開発され、急速に需要が増加した（写真7）。さらに昭和五十年代に入ると消費者の〝本物志向〟が高まり、もち本来の色、香り、物性などの食味の劣化が少ない無殺菌もちが開発され、現在では包装もちの主流となっている。

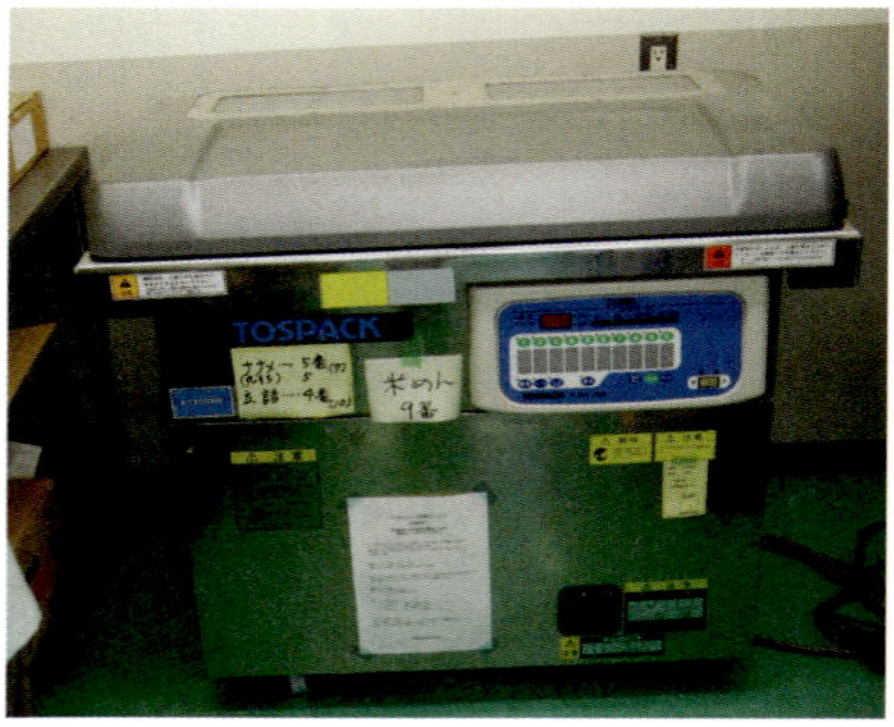

写真7　真空包装機

▼包装板もち

かつては圧延脱気時にピンホールがあきやすいというハード面での問題があったが、現在では工程の改良が進んだため、包装機械での扱いやすさやヒートシールのしやすさが要求されている。包装フィルムとしては、PET（ポリエチレンテレフタレート）／PE（ポリエチレン）、KOP（ポリ塩化ビニリデン延伸ポリプロピレン）／PE、KONy（ポリ塩化ビニリデン延伸ナイロン）／PE、KPET（ポリ塩化ビニリデンポリエチレンテレフタレート）／PEなどが使われている。

▼鏡もち

殺菌時のゆがみや冷却時のへこみなどの変形が生じにくい容器が求められる。包装材料は、容器部にＣＰＰ（無延伸ポリプロピレン）、底ブタにはＣＰＰ、ＰＥＴ／ＣＰＰ、ＯＮｙ（延伸ナイロン）／ＣＰＰなどが用いられる。

▼殺菌切りもち

深絞り型とフィルム包装型の二種類がある。前者は、もちを入れる際のピンホール、殺菌加熱時の変形が起こりにくく、ヒートシール性が要求される。容器側はＣＰＰ、ＣＮｙ（無延伸ナイロン）／ＣＰＰ、ふた材はＰＥＴ／ＣＰＰなどが使用される。後者は強度、滑りやすさ、カールのしにくさ、ヒートシールのしやすさが要求される。したがって、ＯＮｙ（延伸ナイロン）／ＣＰＰ、ＰＥＴ／ＣＰＰなどが使用される。

▼無殺菌型包装もち

包装方法としては、ＯＰＰ（延伸ポリプロピレン）／ＰＥまたはＣＰＰフィルムで個包装、あるいはそのままのもちを八個、一二個というように袋詰を行なった後真空包装、ガス充填包装、脱酸素材封入包装を行なう。したがって、酸素を透過しにくいＰＶＤＣ（ポリ塩化ビニリデン）またはＥＶＯＨ（エチレン・ビニルアルコール共重合体）などのフィルムが必要となる。実際には、ＫＯＰ／ＰＥ、ＫＯＮｙ／ＰＥ、ＫＰＥＴ／ＰＥ、ＯＰＰ／ＥＶＯＨ／ＰＥ、ＯＮｙ／ＥＶＯＨ／ＰＥ、ＰＥＴ／ＥＶＯＨ／ＰＥなどの複合フィルムが用いられる。

（石川 豊）

食品加工総覧 第4巻 もち

大豆で、砂糖で、冷めても固くならないおもち

水にさらして二度つきすることでいつまでも固くならないおもちをつくる方法を紹介（94～96ページ参照）しましたが、全国各地には他にもいろいろな工夫があるもの。石川県津幡町、河合誠一さんのお宅でのやり方をうかがいました。

臼と杵を使う昔ながらのつき方なら、手水にダイコンおろしの絞り汁を使えばいいそうです。でも河合さんはこれでつくったもちは水っぽくて気に入らなかったとか。

手水を使わず機械でつくるときは大豆を入れます。一昼夜水にひやかし（ひたし）て、すり鉢ですったものを、もち米1升に大さじ1杯入れてつけば、いつまでも固くなりません。これを使うと「焼くとフッワフワになる」かきもちができるそうです。

大福などの甘いもちをつくるときなら、もち米1升にオチョコ1杯の砂糖を入れてつきます。

「ホンマにどっろどっろというか、トロントロンになる。年寄りとか子どもとかがのどに詰まらせてしまうので、やわらかすぎてもダメなんだけどね～」とのことでした。

もち屋さんからのひとこと

「丸せいろ（蒸籠）がお勧めだね」

●間宮正光（愛知県常滑市・山庄製菓舗）

私は、愛知県常滑市で、もちやもち菓子の製造を中心にした「山庄製菓舗」という店を営んでいます。

二代目だった私の父も、もちづくりには角せいろ（蒸籠）を使っていましたが、同業者が丸せいろの方がむらなく、早く蒸せることを教えてくれたので、それ以来丸せいろを使っています。角せいろの場合には、絞った網布巾を使わなければならないのですが、丸せいろの場合には、臼に蒸し米を入れるときには直径四〇cmのポリ製のタライにあけて臼に入れるようにしているので、網布巾を使わず直接米を入れて蒸すことができます。おかげで、毎回布巾を洗う手間が省けます。丸せいろは使う前に水で濡らし、空蒸しをしてから使うようにしています。

後始末のときには、丸せいろの内側・外側・竹すを洗いますが、タワシは使わず、布巾で丁寧に洗うことが肝心です。タワシで丸せいろを洗うと、タワシでできた細かいスジ状の傷に蒸し米がくっつきやすくなり、せいろの傷みが早くなると父から教えられました。

現在、丸せいろは岐阜県中津川市の早川曲物㈱（TEL〇五七三―八二―三八二四）に製造と修理を依頼しています。ただ、残念ながら、私の知る限りでは、名古屋近郊で丸せいろを製造・修理できるメーカーはないようです。

むらなく早く蒸せる丸せいろ

せいろ台。上に丸せいろが3段載る

第４章

始めました もち加工・販売

加工所の立ち上げ
加工機械・道具
販売ノウハウ

昇降機つき蒸し機
（120ページ）

民謡ともちつきをセットで実演販売（127ページ）

中古の機械、人のつながりが後押し

もちの加工所つくりました

富山県魚津市●宮坂貞子さん（まとめ　西村良平）

宮坂貞子さん

「加工」に取り組んで六年。宮坂貞子さん（一九四三年生まれ）の加工品の売り上げは、年間三〇〇万円ほどまで伸びてきた。当初は漬物から始めたが、現在は切りもちの販売が中心。二〇〇三年からは赤飯の加工も始めている。

「幸運と出会ってきた」と貞子さんは言うが、運だけではここまで到達できなかったろう。貞子さんの加工販売のこれまでの経緯はこれから農産加工に取り組んでみたいと考える農家のお母さんたちにとって参考になることが多そうだ。

桶と重石があればやれる漬物から出発

宮坂さん宅では、米二〇ha（うち、もち米が四ha）とリンゴ九二aをつくっている。米づくりは主に息子さんの担当、リンゴは貞子さんの旦那さんが中心になって栽培している。

一九九七年、宮坂家では、道路脇に、米の作業場といっしょになったリンゴ直売所を建てた（四〇㎡、スーパーL資金・二〇〇〇万円の融資を利用）。この直売所が、貞子さんが加工に取り組むきっかけになった。

友達から「おいしいから植えてみん」といわれてつくるようになった赤カブを、酢漬けにして直売所に並べるようになったのが九八年のこと。これが貞子さんが初めて販売した加工品だった。漬物をつくって売るのは簡単で、「桶と重石を買い、塩と酢を用意するだけでできた」といってもいいほどだ。

漬物の製造・販売には保健所の「許可」は必要ない。「届け」を出せばいい。普及センターに相談して、漬物をつくる場所の見取り図を付けて届け出をすると、保健所から確認にやってきたがとくに細かい指導はない。それに、食品衛生管理者の講習を受けるだけでよかった。

田植えが終わってから、イネの育苗ハウスを利用してナスやキュウリも植えるようになった。これは塩漬けにした。漬物を袋詰めするには、当初は米のポリ袋用のシール機を流用していたが、塩分に強いシール機を漬物用に購入することにした。新品で一九万円。真空パックにはならないが、空気のふくらみが取れる脱気タイプだ。

また、このシール機の購入先の業者からは、給食施設の改装で不用となった流し（シンク）を無料でゆずってもらえることになった。それに、たまたま直売所の前を通った業者が「大きなプレハブ式の中古冷蔵庫が一〇万円で買える」と声をかけてきた。こんな「幸運」のおかげもあって、夏でも良好な衛生状態で漬物をつくれるようになった。

貞子さんが加工販売する切りもちは、ふつうの白いもちのほか、「まめもち」「昆布もち」「イナキビもち」「草もち」など。どれも300g入りで360～390円。宮坂貞子さんのもちは手で6つに割れるようになっている

中古のプレハブ加工所でもち加工に挑戦

まもなく貞子さんは、地元の女性三〇人で「魚津地場産直売倶楽部」を結成する。農協系列の大規模スーパーに、魚津ふれあい市「おいで安《やす》」と名づけたコーナーが設けられて、ここで漬物を中心とする食材を直売することになった。

だが、メンバーみんなが漬物ばかりつくっていたのでは、似たようなものばかりが並んでしまう。そこで貞子さんが次に考えたのが切りもちだった。幸い宮坂さん宅では、イネの作期分散も考えて、コシヒカリのほかに「新大正もち」というおいしいもち品種をたくさんつくっている。これを加工して売ろうと思った。

漬物に加えてもちもつくるとなると、作業所の一角では手狭だ。作業がしやすくて、しっかり衛生管理ができる加工所がほしい。貞子さんは中古プレハブを見て回った。それで見つけたのが、幅六・三m、奥行七・二mの広さのものだったが、中古とはいえ建造費込みで二四〇万円かかる。この経費をどうやってまかなうか……。

魚津市には、稲作の受託作業をする生産者向けに無利子でつなぎ資金を融資する制度がある。使いみちは特定されていないもので、宮坂さん宅では以前にも一度借りたことがあった。貞子さんは、これを利用しようと考えた。複式簿記の講習を受けて帳簿の管理もできるようになっていたので、返済の見通しも立てることができた。

二〇〇〇年十月、こうして直売所の横に中古プレハブ利用の加工所が完成した。

もちと漬物を同じ場所で同時につくることはできない

切りもちは焼いて食べるものなので、衛生に気をつけてつくれば問題は出ない。漬物と同様に保健所の許可は不要だ。新しい作業場の見取り図を付けた届けを出せばすんだ。保健所から指導されたのは、漬物ともちを同時につくらないことだけだった。だが、貞子さんはもっぱら一人で作業をするので、両方を同時につくるのはもともと無理。だからこれも問題なかった。

なお、切りもちと漬物の場合は必要ないが、後述する赤飯などを漬物のほかにつくるには、部屋を仕切るなどして作業場を別にするよう指導されるそうだ。

中古利用で機械を安く購入

加工所の建物はできた。だが、もちをつくろうと思うと、機械がいくつか必要になる。釜やせいろは持っていたものを利用することにして、まず買ったのは、二升づき電気もちつき機（一万九〇〇〇円）と押し切りカッター（一九〇〇〇円）だった。それに、購入したもちつき機にはのし枠が一つしかついていなかったので、一つ五〇〇〇円のものを買いたした。

作業台も必要だ。これは、車で四〇分の富山市にある厨房用の中古機械センターで出物を探した。ここでステンレスの作業台・四台を九万円で購入できた。うち二台は扉付きのもの。道具類もきれいに収納できて便利だ。

切りもち加工用の機械と作業の流れ

洗米機

自動蒸し機

自動もちつき機。文字どおり杵でペッタンペッタンつく機械

のしもち機。のしたもちは後ろの棚（育苗箱を運ぶのに使っていたもの）へ

自動もち角切り機。手で折れば角もちになるような切れ目を入れる

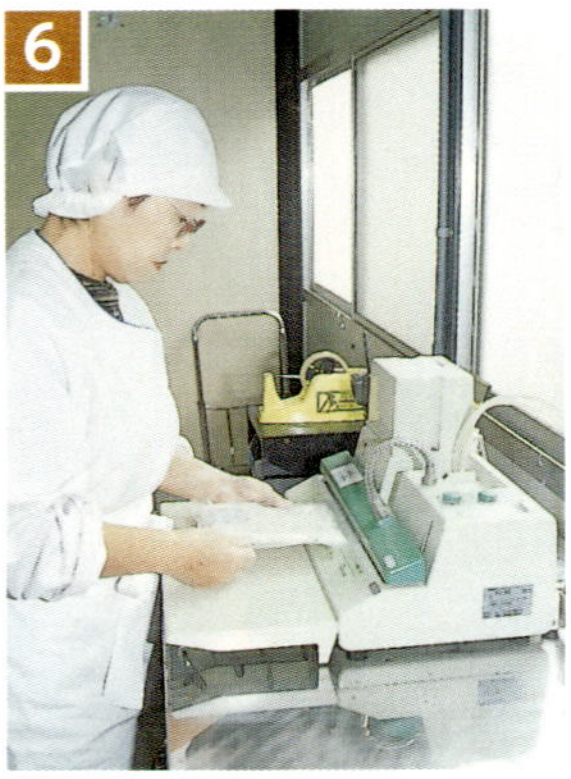

シール機で袋を密封

加工所の見取り図

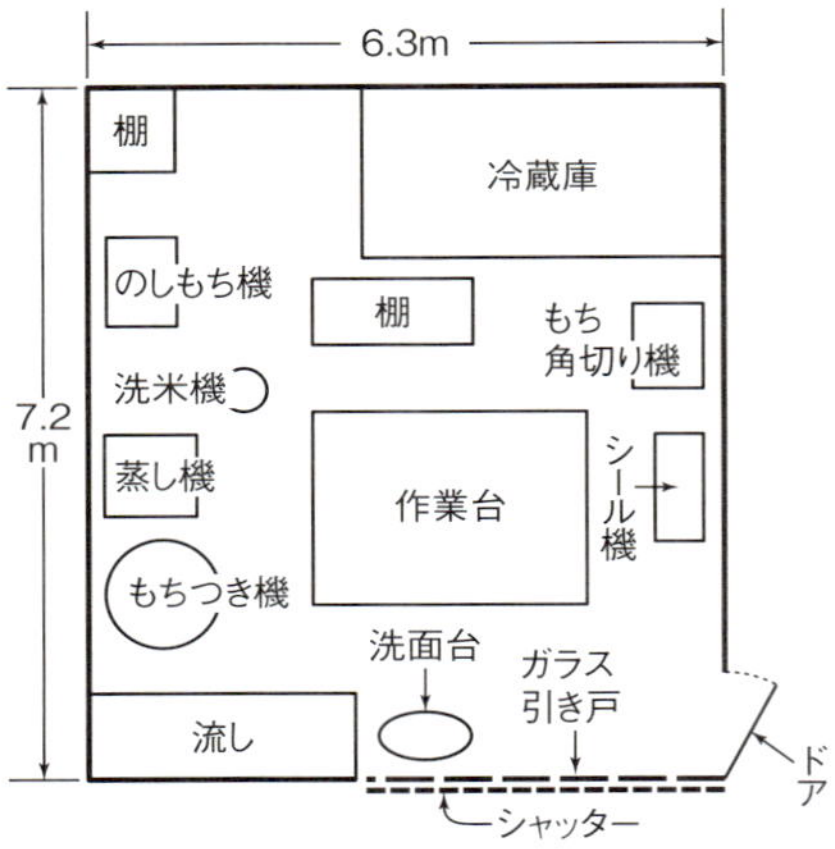

また、五升用の洗米機もここで購入。新品なら五万円だが中古で七〇〇〇円だった。包装するためのシール機は、漬物のために買ったものがそのまま使えた。

収穫したばかりの新大正もちでつくる切りもちはおいしいと評判になり、正月用のもちの注文が次々に舞い込むようになった。もちの加工で忙しくなるのは冬場だが、農作業の繁忙期と重ならないのも好都合だった。

もち加工機械の「掘り出しもの」は暮れが過ぎた頃に出回る

順調に売れてくると、もっといいものをつくりたいという欲が出てくる。それで性能のよい機械を順次買い入れていった。もち加工を本気でやろうと思うと、洗米機→自動蒸し機→自動もちつき機→のしもち機→自動もち角切り機→シール機という順番で使う機械が必要になる。

自動もちつき機は、カタログを見ると新品は一六〇万円とため息が出るような値段だ。もち加工を始めて二年目、貞子さんはメーカーに電話して中古品がないかどうかたずねた。すると七〇万円のものがあるという。どうするか思案していると、「一四万円と格安の出物が手に入ります」と別の販売会社から連絡が入った。普及センターや農協の職員に「自動もちつき機がほしい」ことを相談していたのが功を奏したのだ。

この自動もちつき機は、もち屋さんが予備の機械として保有していたもので、杵で二升を二分間でつき上げる能力をもっていた。しかも手入れがよく、きれいなものだ。運賃なども含めて一六万円。格安だった。

「機械屋さん（販売店）によると、こういう掘り出しものが出回る季節があって、もちづくりがいちばん忙しい暮れが過ぎた頃に出回るんだそうです」

宮坂さんが購入した加工機械（主に切りもち加工用）

加工機械名	価格	備　考
洗米機	7,000円	中古・5升用
自動蒸し機	42万円	ガス式、せいろ昇降機つき
自動もちつき機	16万円	中古・2升用
のしもち機	80万円	2升用
自動もち角切り機	98万円	
シール機	19万円	塩分に強く錆びにくい

＊このほか、切りもちを始めた当初使っていた電気もちつき機（2升）は1万9000円で、押し切りカッターは1900円で購入

機械販売会社の営業担当から情報を得る

自動もちつき機が格安で手に入ったぶん、貞子さんは同じ会社から昇降機つきの自動蒸し機を購入することにした。これは新品で四二万円。二升入りのせいろを四段に重ねてガスで蒸す方式で、給水も自動でできる。火力の強い下側のせいろから蒸し上がるので、それを引き抜くと上のせいろが下がってくるというしくみだ。これがあると、自動もちつき機がいっそう効率よく使える。

また、のしたもちの置き場に、イネの苗箱をトラックで運ぶときに使う棚を使ってみると、抜き差しが容易で作業がはかどった。これは貞子さんオリジナルのアイデアだ。

その後、〇二年の夏には、のしもち機と自動もち角切り機の新品を、セットで割引いてもらい、それぞれ八〇万円と九八万円で購入した。

こうしたもち加工用の機械の販売会社というのは、もちを包装するためのポリ袋なども扱っている。それに、販売会社の営業担当者と親しくなると、どんな加工品が売れているか、もちの機械を利用してほかにどんなものがつくれるか、といった情報が入る利点もある。実際、貞子さんにとっては、それが次へのステップのヒントになった。

赤飯・大福は営業許可が必要

二〇〇三年から赤飯と大福に挑戦することにしたのも、どちらも自動蒸し機を利用できるからだ。ただ、赤飯と大福は、もちと違ってそのまま焼かずに食べるもの。そのため、保健所の「許可」がいる。赤飯は「飲食店営業（仕出し弁当）」、大福は「菓子製造」の営業許可が必要だ。この手続きは、普及センターと相談し、機械設備の見取り図を添えて申請した。

申請の結果、保健所からはシャッターの出入り口を改善するよう指導があった。プレハブを建てるとき、業者から出入り口をシャッターにするかガラス戸にするか聞かれて、シャッターを選んでいたのだが、暖かい時期になるとシャッターの横のすき間から虫が入ってくるのが問題だという。それで二〇万円かけて、シャッターの内側にガラスの引き戸をつけた。

また、一般に作業場の内壁は、水をはじくボードやステンレス板を、床から一m以上内張りするよう指導されるが、宮

坂さんのプレハブづくりの作業場は、内壁と外壁が一体で、それが水をよくはじく。そのため内張りは必要なかった。そのほかチェックされたのは、換気扇には虫除けの金網がついているかどうか、流しが二槽以上あること、床はコンクリートで流し水が溝に落ちるように勾配をつけることなど。これらはもともと条件を満たしていた。

赤飯・大福と漬物は同じ場所ではつくれない

赤飯と大福を始めるにはもう一つ問題があった。これらは、漬物と同じ場所でつくることが認められていないのだ。もちと漬物の組み合わせと違って、時間をずらしてもダメ。

ハウスのナスやキュウリに連作障害が出てきて、材料を仕入れて漬けるようになっていたときでもあった。それに漬物をつくって売る人が周りに増えていたこともあって、貞子さんは赤飯を始めるのをきっかけに漬物加工はやめることにした。

なお、切りもちと赤飯・大福については、作業場は別にしなくてもいい。昔からもち屋さんでは、赤飯や大福をおなじ作業場でつくってきているという慣例があるかららしい。貞子さんの場合も、仕出し弁当の許可は赤飯（おこわ）だけの限定のものとすれば、作業場を分けずにつくれることになった。

すでに赤飯はスーパーの直売コーナーでも人気があり、イベントなどでもよく売れている。注文もくるようになった。

「一所懸命、あれもしたい、これもしたい、いいものをつくりたいと思ってやってきたから、たくさんの幸運とも出会うことができた」と貞子さん。次々に新しい目標を見つけながら加工販売を展開することが、とても楽しそうだ。

現代農業二〇〇四年一月号

もちを売る場合の許可は必要？

もちをつくって直売所などで売る場合、保健所の営業許可は必要なのだろうか。

一般に白もちは許可がいらないが、もちに何かを混ぜると許可が必要になると聞く。だが、もちに混ぜる素材もさまざまで、その素材や混ぜ方によっても違いがありそうだ。

調べてみたところ、たとえば、岡山県の場合は次のようになっていた。

- **許可のいらないもち**…白もち、色もち、豆もち、ヨモギもち（草もち）、かきもち（干しもち）、など。
- **許可の必要なもち**…大福もち、柏もち、きな粉もち、など。

許可のいらないもちとは、保存食としてつくられているもので、そもそも日持ちするものであるという考えにもとづいているとのこと（そのまま食べるのでなく、加熱してから食べる）。だから、ヨモギもちでも、中にあんが入っているものは日持ちしないので、「菓子製造業」の許可が必要になるという。同様に、色付けのために少量の紫イモなどを入れる場合は許可がいらないが、たくさんのサツマイモを練り込んだ、かんころもちのようなものには許可（菓子製造業）が必要とのこと。また、かきもちも、薄くスライスして乾燥させたものは許可がいらないが、油で揚げたものには許可（菓子製造業）が必要、とのことだった。

だが、許可が必要かどうかについては、県や保健所によって解釈がけっこう違う。たとえば、山形県では白もち以外は許可（菓子製造業）が必要。味付けのある・なしで判断しているとのこと。これらの判断はその土地の食文化とも大きく関わっており、面倒でも、一度近くの保健所に相談するといい。

現代農業2013年1月号

昔ながらのもち・寿司の加工

四年目で売上げが二〇〇〇万円に

山口県長門市●大杉 勲

私たちの住む山口県長門市渋木地区は美祢《みね》市との市境に近い山村にあります。田んぼは平均四、五反。自給を中心とする三十数戸の村です。美祢市へ抜ける二本のトンネルと国道三一六号線が開通したのが昭和五十一年。それから二五年、車の通りは多くなったが、地区はあまり恩恵を受けることはありませんでした。

私たちの加工所と販売所は、この二本のトンネルに挟まれた「大ヶ峠トンネル公園」のそばにあります。加工メンバーは一〇戸二〇名で、高齢の方が七七歳、若い方が五三歳、平均年齢は六七歳です。

私たちのつくった加工品です。上がバラ寿司と杵つきもち、下が押し寿司と巻き寿司です。

間伐材の丸太でつくった加工所

平成七年、トンネル公園にトイレを設置することになり、同時に二坪くらいの特産品販売コーナーをつくっていただくことができました。地区の賛同する人たちで運営を続け、その秋の地区の収穫祭に、もちと寿司を出品しました。これが大変好評で、恒常的に出してほしいと、お客さんから要望の声があがりました。

これがきっかけになり、米に付加価値をつけ商品化しようと集落全体に呼びかけました。最終的には二〇名の夫婦が参加し、行政の支援を受けながら平成十年三月二十五日に直売所と加工所を開設しました。販売所といっても間伐材の丸太で自分たちでつくった建物ですが、風景ともマッチし素朴で寄りやすいと、お客さんにも好評のようです。

メンバーの米を買い上げ杵つきもちと押し寿司に加工

商品は杵つきもちと押し寿司の二つを中心に据えました。値段は、あん入りもちが五個で三五〇円、あんなしもちが一〇個五〇〇円。押し寿司は一パック二五〇円、バラ寿司は二〇〇円にしました。原料はメンバーの米を、うるち米は一俵一万八〇〇〇円、もち米は一俵二万円で買い上げ、不足分については地区の方々から相場で調達しています。

押し寿司は、地元の柚子酢を使った独特の風味の寿司飯に、シイタケ、ニンジン、グリーンピースを彩り良くならべたもの。地域の萱取り山であった花尾山にちなんで「花尾ずし」と名付けました。これは地元の運動会などでは、重箱に入れられて普通に食べられているものです。もちも昔から伝わるもので、機械でつくったものほど見かけがよくありません。当初は売れるかどうか不安でした。

フタを明けたら大繁昌 米価の四～五倍で売れた！

今年は何とか四年目を迎え、直売所全

体での売上げは約二〇〇〇万円でした。内訳は寿司が七〇〇万円、もちが一三〇〇万円くらいです。来年は二五〇〇万円を目指します。

一年間でうるち米は約一〇〇俵、もち米は約二五〇俵使いましたから、一俵当たりの売上げ価格に換算すると、政府買い入れ米価（仮に一俵一万五〇〇〇円とすると）の四～五倍で米が売れたという計算になっております。

販売所には五〇㎞も遠くから来られる方もおられます。私たちの杵つきもちはいつまでもやわらかくて「翌日まで置いても歯が立つ」と不思議がられます。杵つきということと、地下七〇mから汲み上げた誰も使っていない清水を使うことが関係しているのでしょうか。機械でつくったもちに慣れている方から「何か薬品を入れているの？」という問い合わせの電話が来たこともあります。

家でお祭りや運動会のたびにつくっているのと同じお寿司。だからおいしいのです

花尾ずしも好評です。柚子を集めて一つ一つ絞るのに苦労しますが、普通の酢と混ぜて使うことでまろやかな味が生まれるといわれるので、続けています。

米に付加価値、村に活気

この事業の第一の目的は自分たちのつくった米に付加価値をつけて、少しでも農業収入の増加をはかることでした。そのために生産、加工、販売を自分たちで行なうことにしたのです。高齢者の集まりなので、国民年金くらいの稼ぎを出すのが売上げの目標でした。

第二の目的は、後継者が少ない集落なので、現在家から勤めに出ている若者が関心を持つような場所をつくることです。

第三の目的は昔の農村にあった良い風習を取り戻し、近所の情報もわからない状況の改善でした。現在は、ほぼ毎日八～一〇名が寄り合い、良いことも悪いことも知ることができるようになりました。

毎日少しずつ地道に営業を続け、上記三つの目的の達成に近づいています。

日持ちのする加工品も

もちろん悩みもあります。もちも寿司も加工した当日に販売しなければならず、前年データを見ながら毎朝検討しても、なかなか思うようにいきません。知り合いのところへ販売に行くこともありますが、逆に車などで来られたお客さんに対して品切れになり、申しわけなく思うこともあります。売店に立った人は大変なようです。今後は日持ちのする加工品も加えていきたいです。

日本食に欠かせない食品である味噌の加工は、よい補助事業があれば進めていきたいと思っています。また、里山の近くまで雑木、竹林が繁って人の手が入らないままなので、竹炭の生産も考えています。竹酢や炭のクズ灰などを田畑に使用すれば、安心して消費者に提供できる野菜、加工品づくりにつながります。

現在は飽食の時代です。全部とは思いませんが、冷凍食品や食品添加物の入っている食品が多すぎるのではないでしょうか。私たちの活動の中に、若い人たちとの安全な食品づくりの勉強会なども組み入れて、皆で農林業を推進していける地区にしたいと思っています。

現代農業二〇〇一年十二月号

もちつきに便利な 機械・道具

イベントで大人気!

杵つき式もちつき機

大阪府枚方市●重村弘和

「杵つき式もちつき機」
今年正月のイベント「直販まつり」にて、もちつきを披露。緑の法被を着ているのが筆者

杵つきの雰囲気が楽しめるもちつき機をつくりたい

私は、三〇年近く農機器具店に勤務し、機械整備に従事しておりました。生来の工作好きから、農作業や庭の手入れなどのときに「こんなものがあったら便利やろな、これなんとかならんかな」といつも頭の中で考えては、廃品を利用して便利な道具を日々つくり出しています。

私は、JA北河内の菅原支店前で開かれる直売所「菅原農産物直販研究会」の会員でもありまして、この「杵つき式もちつき機」は、今年の正月明けに行なわれた「直販まつり」で初めてお披露目しました。

昔は直販メンバーの人数も多く杵でもちがつけましたが、人数が減ってからは、市販のプロペラ回転式のもちつき機を使用するようになりました。しかしなんだか味気ない。高齢の直販メンバーもラクができて、来店の客にも昔ながらの杵つきの雰囲気を楽しんでもらえるようなもちつき機をつくりたくなりました。

コンバインの刈り上げ爪を利用

数カ月構想を練ったうえで、試行錯誤を重ねながら一カ月ほどで完成させまし

●もちがつける仕組み

刈り上げ爪が杵を上まで持ち上げる。爪は一番上までいくと折りたたまれるので、杵は落下する。スプリングが利いているので落下に勢いがつく。スプリングはきき目が調節できるように、杵のパイプに5カ所、土台に3カ所、かけ穴がついている。スプリングのかけ位置を変えることで落下速度が変わる。爪はチェーンで回って下から再び出てくる

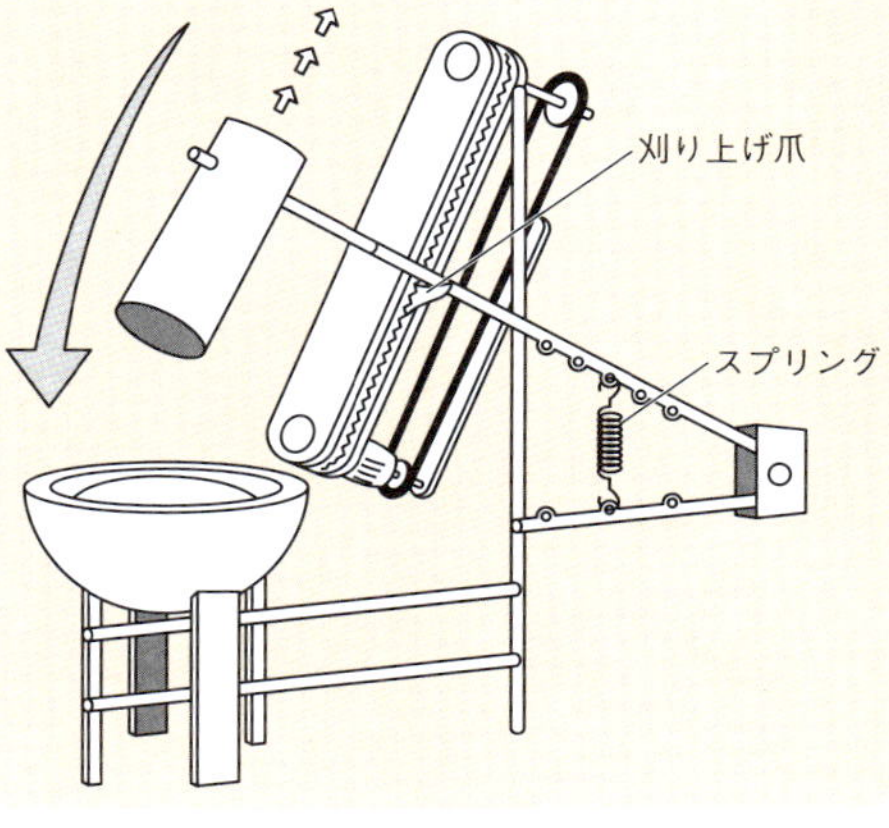

た。使わなくなったコンバインの刈り上げの爪が上がっていく動きを利用し、モーターの回転を杵の上下運動に変えたものです。一本だけ残した爪を回転させて、シーソーのように杵を持ち上げては落とします。ただ落とすだけではもちをつくのには力不足なので、スプリングをつけて力を強くしました。廃品利用が主ですので、材料費は鉄製パイプなど約一万円でできました。

手でもちを返すリズムなども考えて、杵を上げる速度や間隔、振り下ろす角度などモーターの調整が、非常に難しい点でしたが、普通の電動もちつき機ではできないような、きめ細かく伸びのあるもちがつけるので満足しております。

しかし、もちをつく間隔が一定で水取りに気をつかいます。ついたもちが真ん中に寄るように臼の形状を変えて、水取り不要にできないかと考えています。

イベントなどでの見せ物としては、とにかく大好評で、「こんなん、珍しい！」と喜んでくれます。イベントでご覧になったのでしょうか、となりの地区でも一機つくろうという方まで出てきました。

現代農業二〇〇八年十二月号

セイロの上げ下ろしが不要に
昇降機つき蒸し機

長野県梓川村●森 甫紀子さん

米どころ安曇野の村の加工所に、待ちに待った最新のもちつき機が入った。

蒸し機は、三升（四・五kg）のセイロが五段重ねで、一度に一五升蒸せる。熱源はガスで、玄米なら四〇分、白米なら二〇分で蒸し上げる。もちつき機は、蒸し上がった三升のセイロの米を、たったの二分でつき上げる。

だが、森甫紀子《ふきこ》さんがなにより喜んでいるのは、蒸し機にセイロの昇降機が取り付けられていることだ。昇降機のハンドルを回すと、そこから上のセイロを簡単に浮かすことができて、蒸し上がったセイロを下から順に抜いていける。これまでのような重くて面倒な、セイロの入れ換えがいらなくなった。

年末年始には発芽玄米もち、白もち、凍りもち（氷もち）、田植えが終わると草もちつくり。直売所や地域での予約販売など、安曇野の暮らしを彩るもちが、最新の機械でつくられていく。

●電動もちつき機　品川工業所　奈良県磯城郡田原本町八尾五〇八　TEL〇七四四三―二―四〇五五

2分でつき上げる電動もちつき機

昇降機が付いた蒸し機。右のハンドルを操作してセイロを浮かせる

●蒸し機・セイロ昇降機　荒畑製作所
静岡県藤枝市青南町四―一―九
TEL〇五四―六三五―〇五二六
FAX〇五四―六三五―〇三三七

現代農業二〇〇一年七月号

もちつき機

奈良県曽爾村●吉田悦美さん

吉田さんがお気に入りの家庭用もちつき機。「今まで五機種使ってきたけど、一番使い勝手がええ」とのこと。その理由は……

①ヨモギペーストが釜の下に流れない

これね・つきの際に回転するハネの取り付け部にあるスキマを通って、ヨモギペーストが釜の下に流れ出ない。

かがみもちRM-20SN
（2升炊き、2万3,619円＋税、エムケー精工）

②もちが上手に回転

釜の形に膨らみがあって、中のもちが上手に回転し、ひと塊の大きなもちになる。以前使っていた機械では、釜の端の部分にくるもちをしゃもじで中に押し入れる必要があった（図参照）。

＊メーカーのエムケー精工㈱によると、釜の形状だけでなく、蒸し方の違いも影響しているのではないか、とのこと。「かがみもち」は「上蒸し式」といって上部にあるボイラーが、上から圧力をかけながら下に蒸気を送る。余分な水分は下に抜ける構造なので、蒸し器の上ブタに水滴がつくこともなく、もちがベタつかないことにもよると考えられる

現代農業二〇一六年一月号

「かがみもち」の釜。側面が臼のように膨らんでいる

吉田さんのイメージする釜内でのもちの回り方

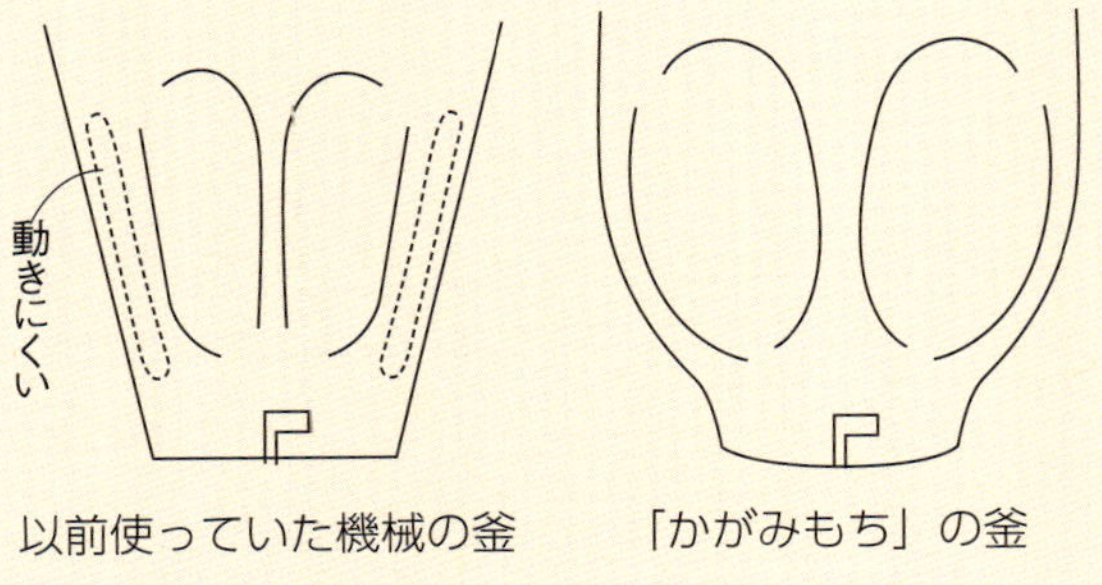

切って丸める作業が一人でも早くできる

もち切り器「まる餅くん」

岩手県一関市●千葉美恵子さん
長崎県壱岐市●平川 孝さん

（編集部）

もち切り器「まる餅くん」

（タイガー魔法瓶㈱）
最大容量4.2kg（5.4ℓ）、重さ約1.3kg、ホッパーサイズ高さ16.7㎝×幅23.6㎝、外形寸法（スタンド付、ハンドルを除く）高さ36.0㎝×幅24.5㎝×奥行き25.0㎝

岩手県一関市の千葉美恵子さんの地域で、直売所に並ぶもちといえば、のしもちが一般的。大福はあるけれど、丸もちはあまりない。そこで千葉さんは人とは形を変えて、黒豆とゴマの入った丸もちを考えました。カチンコチンのもちよりも、とろけるようにやわらかい生もち状態でお客さんに食べてほしいと、つきたての丸もちをパックに並べて出しています。

大福をつくるときもそうですが、もちを切り分けて、丸めるという作業は、二人いればなんでもない作業ですが、一人でやるとなると、想像以上に大変なのだそうです。

何かいい方法がないかと考えたときに、以前JAのカタログに丸もち切り器みたいなものが載っていたことを思い出して、さっそくJAに問い合わせてみたところ、ありました！　タイガー魔法瓶㈱の「まる餅くん」。

値段も手頃で八〇〇〇円台。使ってみたら結構便利。今ではたいへん重宝しています。

ホッパーからつきたてのもちを投入して、片手でハンドルを回すと、下の出口からぷくーっともちが丸く膨らみながら押し出されてきます。出てきたところに小さなギロチンナイフがついているので、自分が使いたい大きさのところでチョキンと切ります。あらかじめ取り粉を敷いておいたトレイの上に切ったもちをぽとんと落とすだけ。丸い状態で切り落とされるので、整形は簡単。軽く丸めたらすぐにパックに並べられます。

慣れてくれば、同じ大きさにどんどん切れますが、最初はうまくいかないこともあります。もし大きさを間違えて切ってしまったときでも、すぐにホッパーにもどしてやればやり直しがきくので心配いりません。

現代農業二〇〇八年十二月号

長崎県壱岐市の直売所でもちを販売する、平川孝さんが使っているのも同じもち切り器。ついたもちをホッパーに入れてハンドルを回すと、本体の中のスクリューが回転してノズルからもちが押し出される。適当な大きさのときにナイフを下げるともちが切れる。「手で切っていたときは大きさにバラつきがあり、苦労しましたが、これを使うとハンドルを何回回転させたかで、好みの大きさのもちを均一につくれるのが魅力です」。

現代農業二〇一六年一月号

「新よもぎ」のラベル1枚で もちの売れ行き1.5倍!!

広島県御調町●㈲アグリサポート

商品が目に飛び込んでくるラベルの力

「新よもぎ」と書いたラベルを貼っただけで、ヨモギもちの売り上げが急増した人がいると聞いて、広島県御調《みつぎ》町を訪ねた。

一昨年の十一月にできたばかりの道の駅「クロスロードみつぎ」の直売所を覗いてみると、あった！ 薄緑色のもちの入ったパックに、「新よもぎ」の小さな手書きのシールがちょこんとついている。文字はそれほど上手というわけでもないのだが（失礼！）、緑とピンクの蛍光ペンの色のせいか、こんな小さなシール一枚のおかげで商品全体がパッと目に飛び込んでくる。さらに、ヨモギもちの隣の普通の白もちには「きねつき」、キビもちには「きび」など、こちらはもう少し大きめで、絵も入った素敵な手書きのラベルがついている。

いやびっくり。ラベル一枚で確かに違う。見る人に、不思議に親近感を持たせてしまう効果がある。数ある商品の中から、ここのもちに思わず手を伸ばしてしまうお客さんの気持ちが、ちょっとわかった。

もちはスーパーでは売れないが農家の直売所では売れる

このもちを毎日出しているのが㈲アグリサポート。実際にラベルを書いているのは、代表の綾目《あやめ》文雄さん（五五歳）だ。

㈲アグリサポートは、年々増える耕作放棄に歯止めをかけたくて、一九九四年、当時農協にいた綾目さんを中心にできた田んぼの請負集団だ。だが、基盤整備もされていない山あいの小さな田んぼばかりを請け負う会社では、実際、黒字経営するのはかなり難しい。安定した収入部門を持ちたくて、最初からもち加工を周年で導入していた。だが、農協を辞めた綾目さんが本気で経営の立て直しに入っても、もちはそうそうたくさん売れるものでもなかった。加工所の前の直営店ではよく売れるのだが、スーパーや店に卸したもちは、なぜかあまり売れない。お客さんはスーパーではあまり「もちを買おう」という気にならないようなのだ。マージンばかり大きくて儲けの少ない卸部門を縮小すると、もち全体の生産量も縮小するしかない方向だった。

だがそこへ、御調に道の駅ができるという話が舞い込んだ。これはチャンスだ。道の駅みたいなところでは、不思議ともちや寿司が売れると聞く。スーパーとは客層が違うのか、客の買い物気分が違うのかわからないが、売れるものが違うらしいのだ。綾目さんは、二〇〇二年十一月の道の駅オープンに向けて、いろいろと「商品化」の研究を始めた。あちこちの道の駅を見に行っては、品揃えや価格、パッケージについても考えた。道の駅オープンに、会社の命運がかかっていたのだ。

朝並べたもちがほとんど売れてしまったので、昼過ぎに商品の補充に来た綾目文雄さん

「手作りラベル」の江崎さんと、運命の出会い

ちょうどそんなときだった、綾目さんのもとに「現代農業」二〇〇二年七月号が届いたのは。「いやあ、あの記事はよかったねえ。役に立ったよー」。――綾目さんと運命的な出会いをしたのは「素敵でしょ！　手作りラベル」の特集記事。中でも福岡県八女市の江崎美笑子さんの手書きラベルにはピーンと来た。「これだ！」。

六月下旬、頼まれていた田植え作業が全部終わると、綾目さんはさっそく江崎さんに会いに、八女まで行った。

江崎さんの手作りラベルは、それはそれは素晴らしかった。それまでは、ラベルは何かいい図案を考えて、パソコンでつくるか外注しようと漠然と思っていた綾目さんだったが、方針転換。商品名や原材料表示のラベルは一枚、あまり凝らないものを印刷屋に頼み、それ以外にもう一枚、ワンポイントの「アイキャッチ」になる手書きシールをつけるのだ。もちの味には自信がある。だけどそれだけでは勝負しきれない。お客さんの目をパッと引く何か……、これが大事なのだ。

小カコピー＋蛍光ペンで手書きに見える

しかし手書きとなると、実際やるのは大変そうだ。「パソコンでもいいですかねえ」と江崎さんに言うと、「手書きじゃないとぬくもりが伝わらない」と強く言われた。だけど、江崎さんみたいに

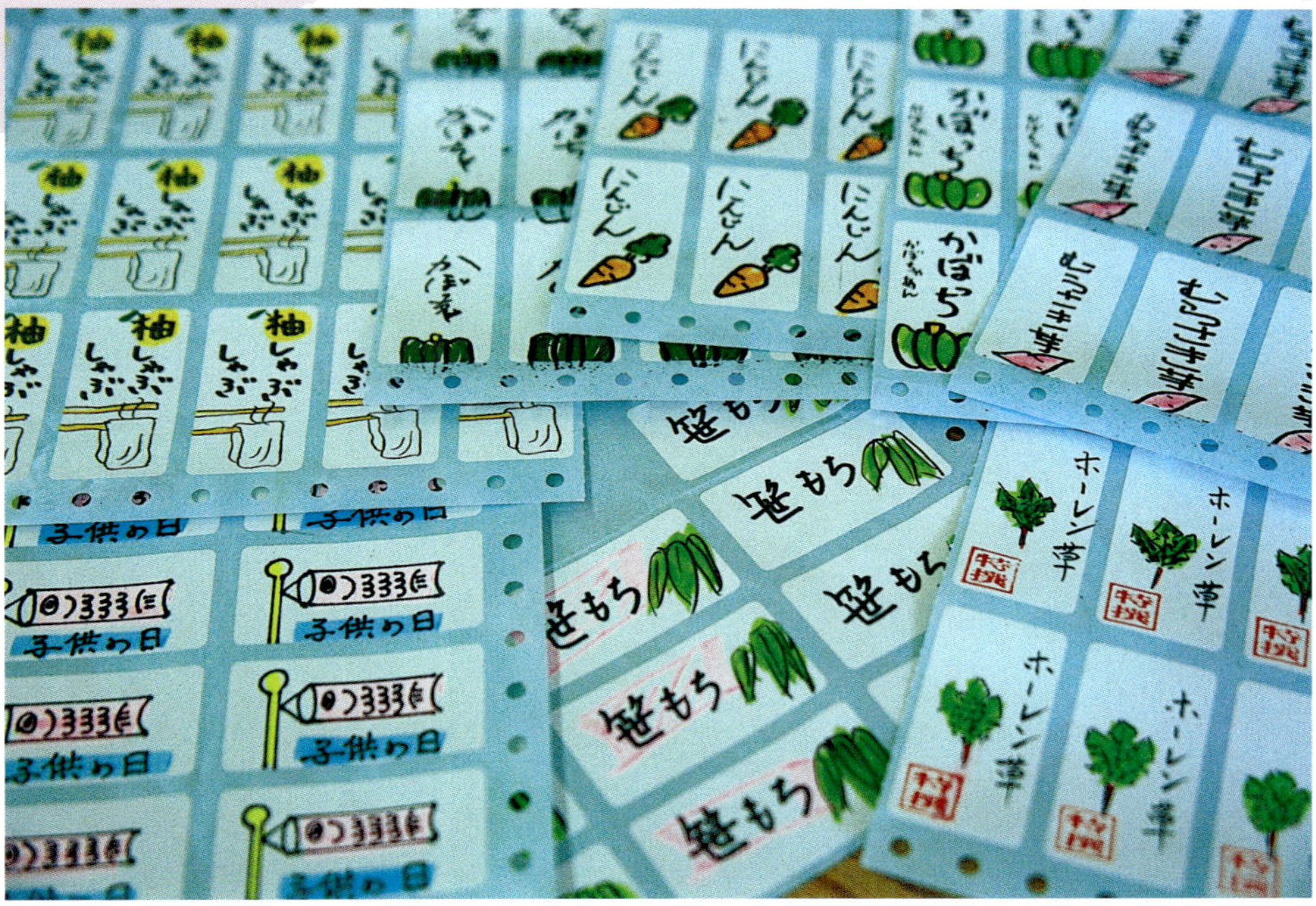

ラベルは写真のような大きいもので約2円、「新よもぎ」のような小さいものは1円しない。100円ショップを上手に利用すると結構安くなりそうだ

一枚一枚毎晩書くなんて、やっぱりとても真似できない。アグリサポートの本業は田んぼなのだから、農繁期は超多忙な日々が続く。それに第一、そんなこまごまとした文字や絵を描くのは得意なことではない。

そこで綾目さんが考えた小力のやり方は、コピーなのだ。文房具屋で売っているコクヨのシールは、三×九の二七枚で一枚の台紙になっているので、とりあえず二七枚分のラベルは手書きする。絵も描く。それをコピー機でどんどんコピーして、色だけは蛍光ペンで一枚一枚付けるのだ。

なんとこれで、でき上がりは手書きのように見える。一枚一枚の色付けは面倒といえば面倒だけど、太い蛍光ペンでグイグイ線を引いていくだけなので、手の空いた人が誰でもできるし、実際はそんなに時間はかからない。はみ出したって、それもまた味。「色付けが面倒だから、カラーコピーを買おうかな」と思ったこともあるが、それをやると多分、パソコンの印刷と似た印象になってしまいそうだな、と思う。「パソコンでつくると、誰でも同じものになっちゃうんだよね」。

ラベルのおかげで二割は売れてる

さて、ラベルも準備万端で迎えた道の駅オープンから、はや一年半。綾目さんの狙い通り、アグリサポートのもちは大人気で、売り上げはうなぎ登りの現在だ。道の駅にもちを並べている人は三軒あるが、アグリサポートはダントツの売り上げを誇る。もちろん一番の原因は、混ぜものなしの杵つきもちの「味」だと思うが、それだけじゃない。「ラベルのおかげで二割は売り上げアップしてるなー」と、綾目さんは感じてるんだそうだ。

最近のヒットは、なんといっても「新よもぎ」。ヨモギもちは定番商品で一年中あるのだが、ちょっと前まではただ「よもぎ」と書いた小さなシールを貼っていた。それを、今年のヨモギを摘んで使い始めた三月下旬から、「新よもぎ」に変えてみた。これまでは緑一色だった蛍光ペンの色も、新のところにピンクを加えてみた。たったこれだけのことで、ヨモギもちの売り上げが、なんと一・五倍!

「新よもぎ」の「新」。これがどうやら魔法の言葉。季節感を表わす言葉こそ、お客さんの購買意欲を誘うのだ。

農家の加工品だからこそ、季節感が大事

「季節感が大事だ」とは江崎さんも言っていた。だから綾目さんは、素材のラベルを貼らないときには、季節ラベルを貼ることにしている。鯉のぼりの絵を描いて「子供の日」、カーネーションの絵を描いて「母の日」、ヨットの絵を描いて「海の日」……。小さいシールでは「花見」「敬老の日」などもつくったことがある。「よくそんなにいろんな絵が描けますねぇ」と言ってみると、「その気になって探してみると、雑誌や本に結構いろいろヒントになるカットが載ってるんですよ。『現代農業』なんかにも結構いいのあるから、ちゃっかり真似したりして……」。なるほど。

道の駅で買える農家の加工品だからこそ、季節感も一緒にお客さんに届けたい。季節に合わせて、素材に合わせて、思いついたらすぐつくる。手作りラベルだから、少量ずつでも自由自在で小回りが利く。

アグリサポートのもちの売り上げは、昨年の合計約一三〇〇万円。そのうちの約七割が、この道の駅で売れた。今年はもっと伸びそうだ。――もち加工部門がしっかりしてアグリサポートの経営が安定すると、やれる人が減ってきた地域の田んぼも安泰だ。手作りラベルは、まわりまわって御調の田んぼを支えている。

現代農業二〇〇四年七月号

色はすべて蛍光ペンで。遠目にも結構目立つからだ。また、1枚のラベルに使う色は2色まで。何色も塗るのは大変だし、色を使いすぎるとけばけばしくなって逆効果。アグリサポートの仲間は現在6人いるので、色塗りは手の空いた人がやる

「新よもぎ」の勝因は、季節感ともうひとつ、色遣いにもありそうだ。ピンク色が華やかで目立ったのだ

もちつきと民謡をセットで実演販売

岩手県一関市●岩渕一美

年に六〇回

ここ一関地方では「もち暦」があるほど、豊かなもち文化が育まれてきました。このもち文化の継承ともち米の消費拡大にむけ、「一関もち食普及振興会議」のなかに、「祝いもちつき振舞隊」が誕生して七年目になります。私が三〇年余り通っている民謡教室の忘年会や発表会、新年会では、民謡を唄いながらのもちつきが行なわれるのですが、これを実演隊にできないかと推進会議から声をかけられたのです。

年々回数は増え、昨年は六〇回、丸六年で二五〇回にもなります。遠いところは大阪、横浜、横須賀へも出かけますが、まずは地元が大切ということで、市役所、農協、振興局の大きなイベントには、必ずといっていいぐらい出かけます。

民謡にあわせて

もちつきは、私が唄う「県南もちつき唄」で始まり、千本杵でのもちつきが場を盛り上げていきます。地元の民謡を入れたり、リクエストがあればそれに応えます。つき上がったもちはメンバーが手早くネギもちや、きな粉もちにして振舞われます。「消費拡大」に向けた一言も欠かせません。

つき手3人、合い取り1人、唄1人の5人組で

当地方の品種「こがねもち」の粘りの強さ、もちは消化がよくすぐにエネルギーになること、あるいは子どもがいればハンバーグやカレーにももちがあうよ、といった話など、実演つきのアピールだから、けっこう説得力があるようです。

火を使えないことも多いが

一回につく米の量は三升以内。出先では火を使えないことが多く、米は蒸して発泡スチロールの箱に入れて持ち込みます。メニューも、主にネギもち（ネギを細かく切って、けずりぶしともみのりを加え、みりんとそばつゆで味付け、もちにからめる）と、きな粉かズンダ（大豆をすりつぶしたもの）もちです。人員は米を蒸すのと道具係が一人、具の担当が一人、そしてもちつきは五人一組です。

ワゴン車一台に道具、蒸した米、材料、そして人が乗っていきます。泊まりでいくときは、宿で米をうるかし、持参したもちつき機で蒸します。料金は、材料費込み（もち米四kgその他）で、五人出張して三万五〇〇〇円プラス交通費。材料費等を引いてメンバーの日当は五〇〇〇円ぐらいです。

私たちの活動はこれからが本番です。

現代農業二〇〇一年十一月号

本書は『別冊 現代農業』2017年1月号を単行本化したものです。

著者所属は、原則として執筆いただいた当時のままといたしました。

農家が教える

もち百珍

2017年11月20日　第1刷発行

農文協　編

発行所　一般社団法人　農山漁村文化協会
郵便番号 107-8668 東京都港区赤坂7丁目6-1
電話 03(3585)1141(営業)　03(3585)1147(編集)
FAX 03(3585)3668　振替 00120-3-144478
URL http://www.ruralnet.or.jp/

ISBN978-4-540-17183-3　DTP製作／農文協プロダクション
〈検印廃止〉　印刷・製本／凸版印刷㈱

定価はカバーに表示
乱丁・落丁本はお取りかえいたします。